Josua Kohberg

Sprachen lernen

einfach. bequem. schnell.

Die Basis einer Sprache in acht bis zwölf Wochen verstehen und sprechen.

KOSYS™ VERLAG

Cortendorfer Straße 37, D-96450 Coburg, Telefon +49 (0) 95 61 - 79 299-0

1. Auflage März 2018

ISBN 9-783981-217834

Die Deutsche Bibliothek – CIP Einheitsaufnahme

Ein Titelsatz für diese Publikation ist bei der Deutschen Bibliothek erhältlich.

Autor: Josua Kohberg

Satz & Grafik, Umschlaggestaltung und Tonstudio Produktion des Hörbuches:

KOSYS Akademie & Verlag GmbH

Rechte für Bilder und Grafiken: Fotolia, Josua Kohberg, KOSYS Group,
Johannes-Gutenberg-Universität Mainz

Titel- und Personenfotos: Tanja Wippenbeck

Inhaltsverzeichnis

Mein Name ist Josua Kohberg und ich begrüße Sie sehr herzlich. Gleich zu Beginn ein Hinweis: Wenn Sie wirklich wenig Zeit haben, finden Sie ab Seite 14 eine Shortbookversion des vorliegenden Buches auf nur 8 Seiten. Damit gewinnen Sie innerhalb von 15 Minuten einen guten Überblick über das Thema. Zusätzlich habe ich Ihnen am Rand der Seiten Platz für Ihre Notizen gelassen. Fühlen Sie sich frei und markieren Sie alles, was Ihnen wichtig erscheint. Einige Stichpunkte habe ich Ihnen auch schon vorbereitet, so können Sie schnell und einfach den Überblick behalten. Also, für alle, die es eilig haben und einen ersten Überblick bekommen möchten, heißt es jetzt weiterblättern zu Seite 14. Alle anderen lesen einfach entspannt hier weiter.

Wenn Sie mich noch nicht von einem meiner Vorträge oder Webinare kennen, hier eine Kurzversion meines Lebens ab 1995. Damals lernte ich Vera F. Birkenbihl kennen und mein Verständnis von Lernen veränderte sich dramatisch. Seitdem habe ich, mehr als 1.000 Bücher gelesen, sieben Bücher geschrieben, 14 Sprachkurse, 108 Mental-Trainings und ein Gerät namens neoos® entwickelt. Mehr als 300.000 Teilnehmer konnte ich in den letzten 20 Jahren in Vorträgen, Seminaren und Webinaren mit Ansätzen über gehirngerechtes Lernen und mentales Training begeistern. Und ganz nebenbei absolviere ich aktuell mein Masterstudium der kognitiven Neurowissenschaft, welches ich im September 2018 abschließe. Ich „spreche" nicht über Lernen, ich „tue" es. Und wie das im Hinblick auf eine Fremdsprache geht, erwartet Sie auch in diesem Buch. Wenn Sie die Ideen aus diesem Buch umsetzen, werden Sie Sprache „TUN" statt über Sprachenlernen „sprechen".

Hier ist nicht nur Platz für Ihre Notizen, Sie finden auch immer wieder Stichpunkte zum Inhalt. Für Ihren schnellen Überblick.

Faszination Lernen

Wie Sie an meinen Publikationen erkennen können, habe ich mich nicht ausschließlich dem Thema Sprachen gewidmet. Mich fasziniert Lernen ganz allgemein und im Besonderen das Thema Neurowissenschaft sowie die Struktur mentaler Prozesse. Das ist auch der Hauptgrund für mein aktuelles Masterstudium. In meinen Forschungen beschäftigt mich hauptsächlich der Zusammenhang von neuronalen Mechanismen und kognitiven – also mentalen – Fähigkeiten.

Im Gegensatz zur kognitiven Psychologie beschäftige ich mich also hauptsächlich mit den mentalen Prozessen und deren Auswirkung auf die Aktivität unseres Gehirns. Einfach ausgedrückt – wie kann ich durch mentale Prozesse veränderte Gehirnaktivitäten hervorrufen.

Dieses Interesse war die Basis für meine Entwicklung des neoos®. Sie werden in diesem Buch auch erfahren, wie der neoos® im Sprachen lernen eingesetzt wird, wie das tägliche Sprachbad funktioniert und welche körperlichen Vorteile Sie genießen. Auf Seite 109 finden Sie auch die Forschungsergebnisse meiner Partneruniversität Mainz. Doch neben den harten, wissenschaftlichen Fakten gibt es in meiner Arbeit natürlich auch regelmäßig Überschneidungen mit dem Bereich der kognitiven Psychologie, da ein genaues Verständnis der mentalen Prozesse hilfreich für das Verständnis der darunterliegenden Hirnstrukturen ist und umgekehrt.

Sie finden in diesem Buch immer wieder Hinweise auf meine Publikationen. Die genauen Bezugsquellen finden Sie auf meiner persönlichen Website www.josuakohberg.com. Denn neben meiner Passion als Autor, Neurowissenschaftler und Redner bin ich seit 1997 auch als Unternehmer tätig. Der neoos® und meine Sprachkurse sind über mein Unternehmen KOSYS erhältlich, alle Produkte die den Bereich der kognitiven Psychologie berühren, finden Sie bei GlückReich®.

Meine Begeisterung für das Thema GlückReich® – wie kann ich glücklich und erfolgreich leben – teile ich mit meiner Frau Simone. Wir haben jahrelang und sehr intensiv Coachings, Seminare und Coachausbildungen gegeben. In den letzten Jahren mussten wir diesen Bereich aus Zeitmangel etwas reduzieren, auch wenn es ein Herzensthema für uns beide ist.

Doch nun zurück zum Buch und seinem Inhalt. Sie werden feststellen, dass ich eben kein „Theoretiker" bin. Ich setze meine Erkenntnisse sofort schnell in handfeste Produkte um. Das ist der Grund, warum Sie auch in diesem Buch immer wieder Hinweise zu meinen Sprach- und Mental Trainings finden. Ich möchte vorab jedoch erwähnen, dass Sie die Impulse in diesem Buch zum größten Teil auch ohne jedes „Produkt" umsetzen können.

Testen Sie und setzen Sie um, in Ihrer eigenen Geschwindigkeit

Die meisten Tipps und Tricks können Sie mit jedem fremdsprachigen Text einfach zu Hause umsetzen. Sogar das passive Hören ist mit geringem, technischen Aufwand möglich. Und doch sind die von mir entwickelten Produkte für sehr viele Menschen attraktiv. Warum? Weil viele uns über mehr Geld als Zeit verfügen. Ich will das noch etwas ausführen. Wenn Sie schnell, einfach und leicht eine Sprache lernen möchten, können Sie zum Beispiel auf meine Sprachkurse zurückgreifen und erprobte und getestete Inhalte verwenden. Ich habe Jahre damit verbracht, einfache Strukturen zu entwickeln und im Gegensatz zu dem Buch, das Sie in Händen halten, bekommen Sie nicht nur eine Erklärung „wie" es geht, sie „tun" es auch gleich. Sie können mit perfekt vorbereitetem Material – erlebt und getestet durch mehrere zehntausend Nutzer – sofort starten und schon nach wenigen Tagen die ersten Sätze sprechen. All das erfordert Geld, denn Sie „bezahlen" die jahrelange Entwicklung und „sparen" Ihre Zeit. Sie können zusätzlich das Alleinstellungsmerkmal meiner Trainings – den neoos® – einsetzen und Ihre Zeit gleich doppelt „sparen". Sie haben mehr Zeit als Geld? Dann setzen Sie Ihre Zeit ein, erstellen Sie eigenes Lernmaterial. Beides funktioniert sehr gut – Sie entscheiden..

Falls Sie sich jetzt fragen, wie es möglich ist, sich in so vielen Bereichen so intenisv zu engagieren, gibt es eine einfache Antwort. Natürlich nur mit Unterstützung, in meinem Fall durch meine Frau Simone. Gemeinsam strukturieren wir all diese Aktivitäten über unser Unternehmen KOSYS (KOhberg SYStems) mit derzeit 20 Mitarbeitern.

So hat es begonnen

Und so fing alles an: Mitte der neunziger Jahre saß ich mit knapp hundert anderen Teilnehmern in einem Münchner Hotel und startete in ein Wochenende mit dem Titel „Leadership Training". Es ging um Mitarbeiterführung und Unternehmensentwicklung. An die erste Referentin erinnere ich mich, als wäre es gestern gewesen. Ihr Name: Vera F. Birkenbihl. Sie hatte einen Jogginganzug an und nach ungefähr 10 bis 15 Minuten begann sie, über Sprachen zu referieren. Ich wunderte mich noch nicht einmal darüber, was das Thema in einem Führungskräfte-Training zu suchen hat. Ich war einfach nur fasziniert und wie gebannt. Einer ihrer ersten Sätze lautete sinngemäß: „Wenn Sie sich in Ihrer Muttersprache einigermaßen flüssig ausdrücken können, gibt es keinen Grund dafür, dass sie das nicht auch in anderen Sprachen schaffen."

Das hatte bei mir gesessen. Denn eines meiner größten Handicaps war zu diesem Zeitpunkt die Unfähigkeit, Englisch zu verstehen, geschweige denn zu sprechen. Die Aussage von Frau Birkenbihl hat mich daher sofort gepackt. Ich wusste: Sie hat Recht. Was ich zu diesem Zeitpunkt aber nicht wusste: Sie sollte für mich bald eine wichtige Mentorin werden. Was auf mich wartete, war die spannende Reise durch die Welt des Lernens, der persönlichen Entwicklung und des Verstehens des menschlichen Geistes und unseres Gehirns. Prof. Roth, der Leiter meines Studienganges, sagt dazu: „Leidensdruck ist sehr wichtig für Veränderungen." Meine Arbeit hat den Hintergrund, Veränderungen und Lernprozesse zumindest ein kleines Stück vom „Leidensdruck" zu befreien.

In diesem Buch werden Sie vieles über Lernen und persönliche Entwicklung erfahren, das Ihnen neu und revolutionär vorkommen mag. Ich möchte es mir aber nicht anmaßen, bestehende Lehrmeinungen zu verurteilen. Millionen von Menschen haben mit den vorherrschenden Methoden mehr oder weniger erfolgreich Sprachen gelernt. Aber es gibt zwischenzeitlich hunderttausende Menschen, die einfachere Wege des Lernens beschreiten. Meine Argumente basieren auf neurowissenschaftlichen Grundlagen und dem gesunden Menschenverstand. Lernprozesse müssen aus meiner Sicht zwingend für optimale Ergebnisse ganzheitlich betrachtet werden.

Fangen wir mit einfachen Zahlen an. Warum erzielen 100 Prozent aller Menschen Erfolge beim Erlernen ihrer Muttersprache? Ganz einfach, als Baby und Kleinkind brauchen wir keinen besonderen Anreiz, wir sind von Geburt an daran interessiert zu kommunizieren. Jeder von uns lernt also ohne Fachanleitung seine Muttersprache. Und dann sitzt das gleiche Kind einige Jahre später in der Schule und ihm wird im Englischunterricht „He she it, das s muss mit" eingetrichtert. Zwar wissen wir heute, dass unser Gehirn auf die Nutzung mehrerer Sprachen eingerichtet ist. Doch in welcher Situation ist die Motivation höher? In der als Kleinkind oder in der als Schüler? Was sagt der „gesunde Menschenverstand"? Natürlich ist das kleine Kind viel motivierter! Fehlende Motivation ist einer der Gründe, warum der Großteil der Schüler nach Jahren des Sprachunterrichts ihre Schule ohne wirkliche Sprachkompetenz verlassen. Ein bisschen Verstehen geht, flüssige Kommunikation ist aber für viele nach der Schule ein Traum geblieben.

Wir alle hatten 100 Prozent Erfolg mit der Muttersprache

Auch ich zählte zu dieser Gruppe. Bis zu meinem 26. Lebensjahr war ich sogar der festen Überzeugung, untalentiert zu sein, was das Erlernen von Sprachen angeht. Aus meiner heutigen Perspektive ist das für mich nicht mehr nachvollziehbar. Denn: Ich habe schon immer unglaublich gerne geredet und mittlerweile ist das Sprechen für mich zur Berufung geworden.

In diesem Buch finden sie zahlreiche Impulse, die Sie direkt und unmittelbar umsetzen können. Sie benötigen kein besonderes Lehrmaterial und keine speziellen Sprachkurse. Sie können jeden der drei Schritte meiner Lernmethode selbständig umsetzen. Zum Start meine grundlegenden Gedanken zum Thema Sprachen lernen.

Acht Thesen zum Sprachen lernen

1. Sprachen können nicht gelehrt, sie können nur gelernt werden.

Eine Kopiervorlage ist sehr viel wertvoller als ein Lehrer. Daher werden Sie unter anderem in meinem Lernsystem niemals mit einem Sprachlehrer, sondern ausschließlich mit Kopiervorlagen und – wenn nötig – mit Sprach-Coaches konfrontiert.

2. Eine neue Sprache öffnet das Tor zu einer neuen Welt.

Je „verliebter" wir an eine Sprache herangehen, desto höher ist die Motivation. Verlieben Sie sich also in ein Land, eine Person, in das Essen oder die Kultur, die zur Sprache gehört!

3. Es gibt keine universelle Methode zum Sprachenlernen.

Finden Sie eine Methode, die für SIE funktioniert. Einige sehr einfache und effektive Methoden stelle ich Ihnen in diesem Buch vor. Doch letztendlich geht es darum, dass Sie IHREN Weg finden und gehen. Experimentieren Sie mit Sprache.

4. Nutzlose Sprachen gibt es nicht.

Lassen Sie sich von nichts und niemandem vorschreiben, welche Sprache Sie lernen. Wenn Sie eine Sprache auswählen, machen Sie das in der Regel, weil sich die Sprache für Sie als nützlich darstellt. Folgen Sie deshalb Ihren Wünschen und Überzeugungen. Vermeiden Sie das Lernen einer Sprache lediglich dann, wenn Sie keinen konkreten Ansatz zu deren Verwendung haben, denn dann wird die Motivation nicht lange anhalten.

5. Sie müssen nicht in dem Land leben, dessen Sprache Sie lernen möchten.

Täglich von Menschen umgeben zu sein, welche die für Sie neue Sprache sprechen, hat ohne Frage Vorteile. Doch Sie können die Sprache genauso nachhaltig lernen, wenn Sie in Ihrem Heimatland leben. Es ist eine Frage der Strategie und die hat etwas mit HÖREN und KREATIVITÄT zu tun.

6. Arbeiten Sie von Beginn an an Ihrer Aussprache.

Wenn eine Sprache phonetische Eigenheiten hat, die Ihnen zu Beginn wie ein unüberwindbarer Berg vorkommt, bleiben Sie trotzdem dabei. Hören Sie immer und immer wieder zu – und Ihre Aussprache wird besser und besser werden.

Sie wollen Sprache TUN – also, los geht's.

7. Reisen ist ein großer Anreiz, um neue Sprachen zu lernen.

Reisen Sie. So oft, wie Sie können, und wann immer Sie können. Vor Ort zu sein, öffnet Ihren Geist für die fremde Kultur, für das Land, für neue Sichtweisen – und für die Sprache, die all das viel besser ausdrücken kann, als Ihre Muttersprache.

8. Starten Sie und entdecken Sie die Sprache, die Sie beherrschen wollen.

Es bringt Sie nicht weiter, wenn Sie zu Hause oder im Unterricht sitzen und auf Vokabeln und Grammatikregeln starren. Mehrere Sprachen zu sprechen, ist keine intellektuelle Höchstleistung, es ist LEBEN. Deshalb heißt das Lernen einer Sprache vor allem, sie zu leben!

Sie haben in dieses Buch investiert, weil Sie eine oder mehrere neue Sprachen beherrschen möchten. Dann lassen Sie uns loslegen und zwar mit der Struktur dieses Buches. Sie haben wirklich wenig Zeit? Trotzdem wollen Sie die wichtigsten Informationen? Dann lesen Sie wie vorhin angedeutet doch einfach die Seiten 14 bis 23. Das ist das Shortbook für alle, die KEINE Zeit haben.

Im Shortbook finden Sie die wichtigsten Informationen sehr komprimiert und können SOFORT loslegen. Wenn Sie mehr Zeit haben und Wert auf die Hintergrundinformationen legen, lesen Sie nach dem Shortbook auch die ausführlichen Kapitel. Dann haben Sie einen doppelten Effekt durch die Wiederholung. Und zu Beginn eines jeden Kapitels gebe ich Ihnen einen Kurzüberblick, dann können Sie entscheiden, ob Sie die Zeit investieren oder nicht. Sie müssen das Buch nicht von vorne nach hinten lesen. Nehmen Sie sich einfach die für Sie interessanten Kapitel heraus.

Und für alle, die noch tiefer einsteigen möchten: Zu vielen Inhalten gibt es auf der Website zum Buch weiterführende Informationen und Downloads. All das ist im Preis dieses Buches inbegriffen.

Gehirngerechtes Lernen in Theorie und Praxis

Und das Beste – ein Schnellstart-Kurs in der Sprache Ihrer Wahl (zur Auswahl stehen Englisch, Spanisch, Italienisch oder Französisch) ist auch schon im Buchpreis inbegriffen. Nachdem Sie die Theorie verstanden haben, können Sie die beschriebenen Techniken sofort PRAKTISCH testen.

Übrigens – ich habe die Informationen über drei Ebenen strukturiert, weil Zeit die einzige Ressource ist, von der wir alle gleich viel besitzen. Wenn Sie sich den Kaufpreis dieses Buches anschauen, ist die Investition sehr viel geringer als der Wert der „ZEIT", die Sie investieren. Und genau darum geht es auch beim gehirngerechten Lernen. Sparen Sie Ihre ZEIT.

Nun starten wir in die Selbsterkenntnis. Wenn Sie erkennen, wie das LEBEN einer Sprache funktioniert, werden Sie Freude daran finden. Wenn Sie Freude daran finden, werden Sie es TUN, also mit dem Lernen anfangen. Und genau dann können Sie sich Ihren Wunsch erfüllen - eine neue Sprache wirklich gut sprechen zu können.

Das Shortbook

Seite 16 bis 25
Der schnelle Einstieg, Sie **überblicken** den Aufbau meiner Sprachkurse
Lesedauer: ca. 15 Minuten

Kapitel 1 bis 12

ab Seite 26
Hier erhalten Sie alle Informationen sehr ausführlich und im Detail, Sie **verstehen** den Aufbau meiner Sprachkurse
Lesedauer zwischen zwei und fünf Stunden

Steigen Sie so tief ein wie Sie möchten

Bonusmaterial online unter suakohberg.com/sprachenlernen

Online Bonusmaterial
Hier finden Sie umfangreiches Zusatzmaterial zum aktiven Testen. Mit dem Schnellstart-Kurs **„erleben"** Sie den Aufbau meiner gehirngerechten Sprachkurse.

Testdauer:	5 Stunden
Lernumfang:	3 Dialoge mit 500 Wörtern

Mit einem QR Code Scanner können Sie sich direkt mit Ihrem Smartphone einloggen:

Das Shortbook – für alle, die es eilig haben

Sie haben wenig Zeit? Dann ist das Shortbook genau richtig für Sie. Auf den nächsten acht Seiten finden Sie eine Kurzfassung aller Informationen und den Zugang zum Bonusmaterial des Buches. Prüfen Sie gehirngerechtes Sprachtraining und erleben Sie, wie einfach Sprachen lernen sein kann. In nur 15 bis 20 Prozent der sonst üblichen Zeit verstehen und sprechen Sie eine neue Sprache.

WICHTIG – alles, was Sie hier im Shortbook lesen, finden Sie ausführlich in den Kapiteln 1 bis 12. Lesen Sie nach dem Shortbook weiter, werden Sie einiges doppelt lesen. Und das ist gut so, denn WIEDERHOLUNG ist eine Säule des Lernens, TUN ist die zweite Säule.

Sie haben sich für die Abkürzung entschieden. Dann handeln Sie wie sehr viele Menschen mit wenig Zeit. Bisher haben sich mehr als 25.000 Menschen für eine Abkürzung beim Sprachen lernen entschieden, indem sie meine Sprachkurse nutzen*. Sie benötigen damit nämlich nur zwischen 15 und 20 Prozent der Zeit, die üblicherweise bei klassischen Trainingsmethoden aufgewendet wird, um eine neue Sprache zu erlernen.

Die drei Schritte des gehirngerechten Sprachtrainings

Dass es möglich ist, eine Sprache in drei Monaten zu erlernen, ist Ihnen bekannt. Ich gehe davon aus, dass Sie schon von jemandem gehört haben, der als Austauschschüler innerhalb weniger Monate eine Sprache erlernt hat. Im Gegensatz dazu stehen vermutlich Ihre persönlichen Erfahrungen. Jahrelanger Schulunterricht ohne Erwerb von Sprachkompetenz, diverse Anläufe in Abendschulen oder mit Selbstlernkursen.

Aber es gibt eine weitere Erfahrung, an die Sie sich nur nicht mehr detailliert erinnern können: Das Erlernen Ihrer Muttersprache. Unsere Muttersprache haben wir ohne Anleitung eines „Lehrers" erlernt. Wir haben sie

Wir TUN die Muttersprache

* Sie finden alle meine Publikationen auf www.josuakohberg.com. Bei den Publikationen finden Sie auch die Links zu den jeweiligen Bezugsadressen.

„einfach" benutzt. Und genau das ist der Unterschied zu klassischem Sprachunterricht. Als Kleinkind TUN wir Sprache, statt darüber zu reden. Das TUN erfolgt in drei einfachen Schritten:

Schritt 1 – dauerhaftes Hören der Sprache

In Fachkreisen nennt man diesen Prozess „Immersion", also Eintauchen in die neue Sprache – und zwar dauerhaft und so oft wie möglich

In drei einfachen Schritten zur Muttersprache

Schritt 2 – Verbinden eines Audiocodes mit den inneren Bildern

Der Code „Auto" steht für das eckige Teil mit den vier Rädern, die passende Emotion zum Code „Auto macht Spaß" oder „Auto macht keinen Spaß"

Schritt 3 – Audio-Information selbst benutzen, also sprechen

Zuerst in Wörtern und Phrasen, zum Beispiel „Auto – da", später dann in kurzen Sätzen, zum Beispiel „schau, das Auto dort"

Mit den gleichen drei einfachen Schritten zur Fremdsprache

Tatsächlich können Sie mit genau diesen drei einfachen Schritten auch jede neue Sprache lernen. Und es wird zum Teil noch einfacher und schneller funktionieren, da Sie als Kind natürlich noch sehr viel mehr TUN mussten. Sie mussten sich ein komplettes Weltbild aufbauen. Bevor Sie das Wort „Glas" verwenden konnten, mussten Sie verstehen, wofür das Glas überhaupt benutzt wird.

Das alles wissen Sie heute schon. Sie kennen ein Auto, ein Glas, ein Haus und vieles mehr. **Daher können Sie die neue Sprache auch in zwei bis drei Monaten auf das Niveau bringen, für welches ein Kind in der Muttersprache etwa fünf Jahre benötigt.** Schauen wir uns die drei Schritte zum Erlernen neuer Sprachen etwas detaillierter an.

Schritt 1 – dauerhaftes Hören der Sprache

Das Eintauchen in die Sprache – die Immersion* – ist das „Geheimnis". Wenn Sie die Sprache täglich sieben oder acht Stunden hören, tauchen Sie ganz automatisch ein. Zusätzlich lesen Sie Texte in Ihrer Zielsprache, schauen Videos und Filme usw., das heißt Sie nehmen ein tägliches Vollbad in der neuen Sprache. Das Eintauchen in die Sprache ist das Geheimnis, auch wenn es gar kein Geheimnis ist.

Und so kann das Eintauchen in eine neue Sprache aussehen, während Sie arbeiten, Ihren Hobbys nachgehen oder sogar schlafen:

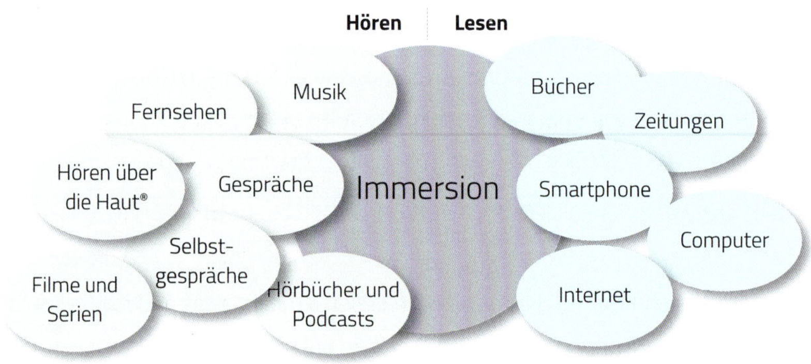

Baden Sie in der neuen Sprache. Tag für Tag.

Nachdem Sie zu den Shortbook Lesern mit wenig Zeit gehören, darf ich Sie hier auf Seite 100 verweisen. Dort stelle ich Ihnen den neoos® vor, ein von mir entwickeltes Gerät, welches Ihnen täglich ein mehrstündiges Sprachbad ermöglicht. Immersion ohne jeden Zeitaufwand. Sie können arbeiten, Auto fahren, im Internet surfen, fernsehen – und nebenbei Ihr Sprachbad genießen. Klingt phantastisch, ist phantastisch.

* Unter Immersion (lat. immersio, was Eintauchen bedeutet; daher auch deutsch Sprachbad) versteht man in der Sprachwissenschaft und der Pädagogik eine Situation, in der Personen in ein fremdsprachiges Umfeld versetzt werden, in dem sie – beiläufig oder gewünschtermaßen – die fremde Sprache erwerben.

Schritt 2 – Verbinden des Audiocodes mit den inneren Bildern und der Muttersprache

Verstehen Sie die neue Sprache

Mit der Dekodierung (Wort-für-Wort-Übersetzung) werden Sie in Rekordzeit die neue Sprache bewusst aufnehmen, sie mit Ihrer Muttersprache verknüpfen und sie dadurch verstehen. Sie benötigen tatsächlich keine Grammatikregeln und Sie lernen keine isolierten Vokabeln auswendig. Warum? Weil wir die Muttersprache als „Krücke" verwenden.

Hier einige Beispielsätze in Italienisch:

Michele:	**Ciao.**	**Sono**	**Michele.**	**Mi**	**fa**	**piacere**	**essere**	**qui.**	
	Hallo.	[ich-]bin[1]	Michele.	Mich	macht	Freude[2]	sein	hier.	

Sara:	**E**	**io**	**sono**	**Sara.**	**Sono**	**qui**	**con**	**Michele.**	**Parliamo**	**italiano.**
	Und	ich	bin	Sara.	[Ich-]bin	hier	mit	Michele.	[Wir-]sprechen	Italienisch.

Warum sagt ein Italiener nur „Bin Michele" und nicht „Ich bin Michele"? Ich weiß es nicht, und die gute Nachricht für Sie und mich – es spielt auch keine Rolle. Genauso wenig wie es uns interessiert, warum ein Deutscher „Ich werde heute Abend essen" sagt.

Das ist der Vorteil der Dekodierung. Sie müssen es nicht verstehen, sie kopieren den Vorgang einfach. Dieses Prinzip erscheint vielen Erwachsenen als zu „einfach". Mein Tipp: Probieren Sie es doch einfach aus. Nutzen Sie das Schnellstart-Training, suchen Sie sich eine Sprache aus und testen Sie einfach, ob diese Methode für Sie die richtige ist.

Ich kann Ihnen an dieser Stelle nur sagen: 97 Prozent der Nutzer meiner Lernmethode können schneller und einfacher lernen als jemals zuvor. Mit Grammatikregeln und Vokabellisten kommt nur ein kleiner Teil wirklich klar. Und ich möchte fast wetten: Sie gehören zu den 97 Prozent.

Eine ausführliche Beschreibung zur Dekodierung finden Sie in Kapitel 6 ab Seite 116. Und natürlich können Sie diese Methode mit drei Lektionen meines Sprachtrainings ausprobieren.

Schritt 3 – Audio-Information selbst benutzen, also „sprechen"

Der Nutzen einer Sprache liegt eindeutig in der Fähigkeit zu sprechen. Deshalb empfehle ich, 50 Prozent der aktiven Lernzeit für das Sprechen aufzuwenden. Ich verwende, wie sollte es auch anders sein, eine sehr einfache Methode für den Start. Sie sprechen mit den Muttersprachlern Ihres Sprachkurses im Chor. Keiner hört Sie, Fehler spielen keine Rolle und Scham gibt es auch keine, denn es hört Ihnen ja niemand zu. Sie sind völlig entspannt, da niemand Ihre ersten Sprechversuche hört. Und innerhalb weniger Stunden Training werden Sie große Fortschritte im Sprechen machen. Falls Ihnen das jetzt auch zu einfach klingt, probieren Sie es doch einfach mit Ihrem Bonus – dem Schnellstarttraining – aus.

Sprechen Sie die neue Sprache

Und natürlich gibt es zum Üben des Sprechens noch einiges mehr an Tipps und Tricks. Diese finden Sie ab Seite 140. Sie möchten es ausprobieren? Dann mal los, denn mit der Investition in dieses Buch haben Sie einen dicken Bonus erhalten. Ein kostenfreies Schnellstart-Training im Wert von 29 €. Hören Sie auf, sich durch klassische Sprachkurse zu quälen. Testen Sie einfach und kostenfrei gehirngerechtes Lernen. Sie können nur gewinnen.

JETZT anmelden zum kostenfreien Schnellstart-Kurs

Tipp: In meinem Schnellstart-Kurs erleben Sie die drei Schritte des Sprachenlernens. Sie können sich direkt jetzt online registrieren und den Schnell Start Kurs KOSTENFREI testen.

Jetzt kostenfrei testen: gehirngerechtes Sprachtraining

www.josuakohberg.com/sprachenlernen

Ihre Investition in Euro:	0 Euro (statt 29 €)
Ihre Investition in Zeit:	10 Tage à 30 Minuten
Ihr Gewinn:	500 Wörter in Englisch, Spanisch, Französisch oder Italienisch

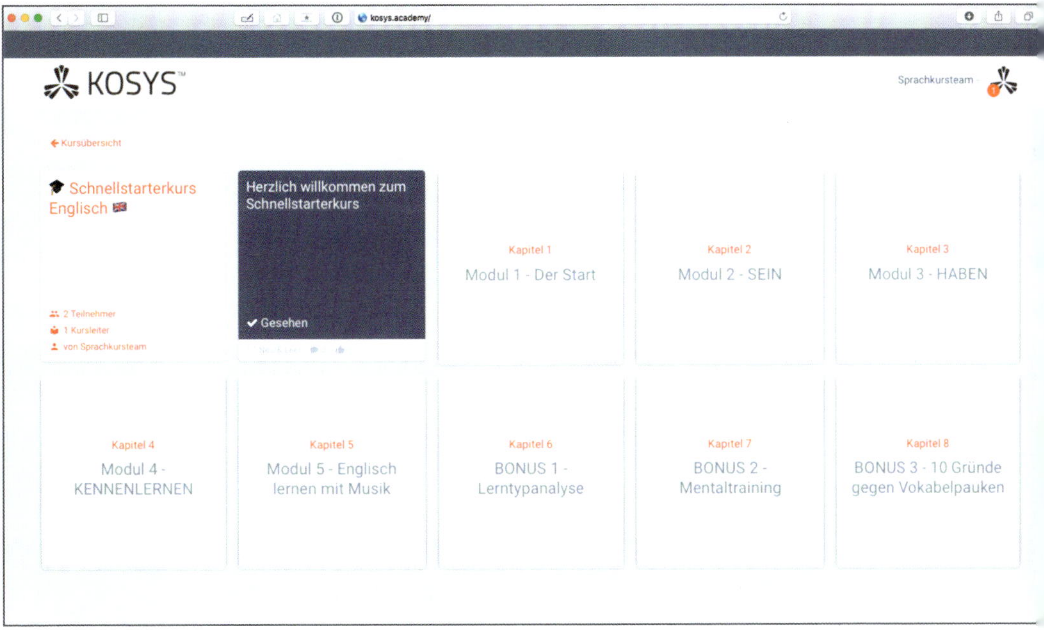

Ihr Bonus: die mentale Vorbereitung

Was genau denken und fühlen Sie, wenn Sie Sprachen lernen?

Auch mit der richtigen Strategie kommen häufig innere Zweifel ans Tageslicht. Solange wir glauben, dass wir kein Sprachtalent haben, wird es nichts mit dem Lernen einer Sprache. Solange wir glauben, dass wir keine Zeit finden, wird es auch nichts. Solange wir unter Stress stehen (vielleicht, weil wir nicht an unser Talent glauben), wird es schwer oder es wird nichts.

Wenn Sie sich hier wiedererkennen, darf ich Sie direkt auf Kapitel 8 und 9 verweisen. Dort erfahren Sie, wie innere Motive entstehen und mit welcher Form von Mentaltraining Sie in der Lage sind, hinderliche Überzeugungen zu verändern. Ein Aspekt, der so gut wie nie im Sprachtraining berücksichtigt wir, und für die meisten Nutzer meiner Sprachtrainings ein sehr großer Vorteil, wie mir immer wieder bestätigt wird.

Übrigens, Sie können sich das Weiterblättern sparen, wenn Sie zum Beispiel in acht Wochen einen Vortrag auf Englisch halten müssen. Dann ist die von außen kommende Motivationsspritze groß genug. Genauso können Sie sich die mentale Vorbereitung sparen, wenn Sie sich gerade frisch verliebt haben – in jemanden, der nicht Deutsch, sondern beispielsweise nur Spanisch spricht.

Wenn Sie allerdings im Lernprozess auf eine von innen kommende Motivation angewiesen sind (was meistens der Fall ist), dann sollten sie sich mit dem Thema auseinandersetzen.

Kapitel 1 – Einleitung

In diesem Buch geht es um Sie. Stellen Sie sich vor, Sie sprechen in acht Wochen eine neue Sprache. Wie fühlt sich diese Chance an? Und ja, es wird nicht ohne Aktion von Ihrer Seite aus möglich sein. Doch es ist möglich. Dieses Buch nimmt Sie mit auf eine Reise der Möglichkeiten. Eine Reise der Chancen. Und es wird Ihre Sichtweise zum Thema Sprachen lernen wohl für immer verändern.

Wir alle leben in ein- und derselben Welt und sind verbunden durch den Stoff, den wir atmen, sowie verbunden durch unsere Gefühle und Gedanken. Und doch leben wir oft sehr getrennt. Denn neben allen „menschlichen" Faktoren trennt uns die Kommunikation. Oscar Wilde wird folgende Aussage zugeschrieben: „Der größte Irrglaube der Kommunikation ist die Annahme, sie hätte funktioniert."

Wenn wir also schon in unserer Muttersprache Schwierigkeiten mit dem Verständnis haben, so sind diese bei unterschiedlichen Sprachen noch viel größer. Und, einen Schritt weiter: Es ist nicht nur die „Sprache", häufig trennen uns auch kulturelle Prägungen. Was dem fleißigen Deutschen als Lebensinhalt erscheint, ist dem Südländer eher fern. Was der Amerikaner als selbstverständlich ansieht, empfindet der Rest der Welt oft als eigenartig. Auch die chinesische Kultur ist für einen Westeuropäer – wenn überhaupt – nur schwer zugänglich. Blicken wir in einen kleineren Kosmos, stoßen wir auf die gleichen Phänomene. Nehmen wir zum Beispiel Bayern und Norddeutschland. Oder Ober- und Niederbayern. Oder nehmen Sie zwei Dörfer, die fünf Kilometer auseinanderliegen und deren Bewohner schon gar nicht mehr so genau wissen, seit wann und warum sie sich gegenseitig nicht leiden können. All das habe ich live erlebt. Und ich bin mir sicher, die meisten meiner Leser können ähnliche Geschichten erzählen.

Ihre Reise in die Welt der Sprachen

Und da sind wir auch schon beim Thema dieses Buches. Obwohl es natürlich in erster Linie darum geht, leicht und einfach eine neue Sprache zu erlernen, möchte ich Sie auch auf eine darüber hinausgehende Reise mitnehmen. Denn wenn Sie den Erwerb einer Fremdsprache gleichzeitig als Entwicklung Ihrer Persönlichkeit betrachten, ist der Weg dorthin nicht nur viel abwechslungsreicher und attraktiver. Sie werden zudem schneller lernen, das Gelernte wird nachhaltiger verankert und Sie werden Ihren ganz persönlichen Teil zu unserer EINEN WELT beitragen können. Sie erleben ein

„größeres Ganzes" und die Motivation zum Erlernen einer oder mehrerer Sprachen wird dadurch sehr viel höher ausfallen.

Zugegeben, das klingt ziemlich ambitioniert. Und genau das ist es auch. Denn tatsächlich, das habe ich persönlich erfahren, bedeutet es eine massive persönliche Entwicklung, eine, zwei oder drei weitere Sprachen zu beherrschen. Meine Sichtweise zieht sich natürlich durch das ganze Buch, denn schließlich habe ich es ja auch geschrieben. Von daher hoffe ich, dass Sie es genießen, eine Weile mit meinen Gedanken zu verbringen, denn nichts anderes tun wir, wenn wir das Buch eines anderen Menschen lesen.

Sprache, Kultur und Frieden

Und wenn wir schon beim Lesen eines Buches quasi die Gedanken eines anderen Menschen verinnerlichen, wie viel faszinierender ist es da, die Gedanken einer anderen Kultur zu erleben. Selbstverständlich werden Sie nie zum Italiener, Norweger oder Japaner. Ihre kulturelle Grundausrichtung bleibt Ihnen erhalten. Nehmen wir an, Sie sind in Deutschland, Österreich oder der Schweiz aufgewachsen. Dann hat diese Kultur Sie von Kindheit an geprägt. Sie werden die meiste Zeit wie ein Deutscher, Österreicher oder Schweizer denken und fühlen. Aber wäre es nicht genial, plötzlich die Wahl zu haben, ab und zu wie Menschen in Italien, Norwegen oder Japen zu denken und zu fühlen?

Ich werde nie den Info-Abend zum Thema Schüleraustausch vergessen, zu dem ich mit meiner Frau eingeladen war. Unsere ältere Tochter war schon in heller Aufregung, weil Sie wenige Monate später für zehn Monate im Rahmen eines Schüleraustausch-Programms in die USA fliegen sollte. Der Redner zitierte zu Beginn seines Vortrages den Gründer der Organisation, den ehemaligen US-Senator James William Fulbright: „Wenn Jugendliche für ein Jahr in die Kultur eines anderen Landes eintau-

J.W. Fulbright – 1905 bis 1995

chen, dessen Sprache und Kultur erleben, werden Sie keine Waffe mehr gegeneinander erheben." Ich stimmte und stimme ihm von ganzem Herzen zu, vor allem aus der Sichtweise eines überzeugten Pazifisten.

Nun ist die Herausforderung natürlich klar. Es gibt pro Jahr nur einige tausende Austausch-Schüler. Die meisten von uns hatten nie eine solche Chance. Die meisten von uns konnten noch nicht wirklich in eine neue Sprache eintauchen, weil sie ausschließlich Sprachunterricht in der Schule hatten. Wenn wir eine neue Sprache verstehen, fangen wir an zu sprechen. Wir sind in der Lage, Freundschaften und Verbindungen in dieser Sprache aufzubauen. Sobald wir diese Verbindungen aufbauen, tauchen wir ganz automatisch in die Kultur des jeweiligen Landes ein. Und sobald wir in die Kultur eintauchen, erleben wir eine Öffnung unseres Geistes für diese Kultur.

Es ist tatsächlich eine Frage der Motivation. Sobald eine Person wirklich WILL, gibt es schnell positive und klar nachvollziehbare Ergebnisse. Wenn jemand nicht WILL, gibt es – wenn überhaupt – nur sehr langsam Ergebnisse. Jeder von uns, der Kinder oder Jugendliche zu Hause hat, weiß um dieses Phänomen. Jeder von uns, der sich selbst hinterfragt, kennt es ebenfalls. Wenn Sie etwas wirklich WOLLEN, läuft die Sache. Wenn Sie es nicht wollen, ist es zäh, langwierig, schwierig und oft auch schmerzhaft.

Was willst Du wirklich, wirklich, wirklich?

Und wer mich schon einmal bei einem Vortrag erlebt hat, der kennt meinen Standardspruch. Der kommt wirklich fast immer auf den Tisch, viele meiner Freunde sprechen inzwischen von meinem Markenzeichen. Er lautet: **„Was willst Du WIRKLICH, WIRKLICH, WIRKLICH?"**

In dieses Thema steigen wir in den Kapiteln 9 und 10 tiefer ein. Dort geht es um die mentale Verfassung, die Grundeinstellung zum Thema Sprachenlernen und unsere damit zusammenhängenden Verhaltensmuster. So viel schon einmal vorweg: Wer WIRKLICH, WIRKLICH, WIRKLICH eine Sprache lernen möchte, der TUT es auch.

Und natürlich ist es sehr viel einfacher, eine Sprache zu lernen, wenn die Technik stimmt. Auch dazu ein Bild. Wer sich heute entscheidet, von Deutschland aus nach China zu reisen, kann diese Reise zu Fuß bewältigen. Dafür ist es einfach nur notwendig, 200 Tage lang mit der durchschnittlichen Spaziergänger-Geschwindigkeit (6 km/h) einen Fuß vor den anderen zu setzen. Alternativen sind Pferde, Fahrräder, Motorräder, Autos oder Flugzeuge. Die Frage ist im ersten Schritt nicht, WIE ich nach China komme. Die Frage lautet: WILL ich nach China? Wenn ja, dann sollte ich selbstverständlich über die Technik nachdenken. Und es wird letztlich keine endgültige Weisheit geben. Deshalb finden Sie in meinem Buch auch einige Ansätze, die vielleicht im ersten Schritt gar nicht so viel gemeinsam haben. Doch eines darf ich Ihnen versichern: Alle Ansätze sind dem gehirngerechten Lernen untergeordnet. Und Sie können einfach wählen, was Ihnen gefällt und Ihnen persönlich zusagt. Grundsätzlich sollten Sie sich eine Frage beantworten: Verfügen Sie über mehr Zeit oder mehr Geld? Haben Sie mehr Zeit, nutzen Sie die Methoden, bei denen Sie selbst Texte Dekodieren, Inhalte im Internet suchen und so weiter. Verfügen Sie über wenig Zeit, aber entsprechende finanzielle Mittel, kaufen Sie sich die entsprechenden Kurse und legen Sie mit Highspeed los.

Verstehen Sie die neue Sprache

Und damit kommen wir auch schon zur Technik. Dieses Thema hat mich Mitte der neunziger Jahre überhaupt erst wieder ins Lernen gebracht. Mein Schlüsselerlebnis war der vorab erwähnte Vortrag von Vera F. Birkenbihl. Danach hatte ich das erste Mal – seit Verlassen der Schule – die Vision, doch noch Englisch zu lernen. Das WIRKLICH WOLLEN fehlte mir damals zwar noch, aber die Idee war geboren und ich hatte verstanden, dass die Technik beim Lernen einen massiven Einfluss auf den Erfolg hat.

Ich hatte auch verstanden, warum ich zum damaligen Zeitpunkt beruflich bereits sehr weit gekommen war. Meine Wahrnehmung, nach Abschluss meiner Schulkarriere nur noch sehr wenig gelernt zu haben, entlarvte ich als Unsinn. In Wirklichkeit hatte ich sehr viel gelernt, dies aber nicht als anstrengend, also nicht als Lernen in der von der Schule her gewohnten Weise erlebt. Warum war das so? Weil ich meiner Leidenschaft gefolgt war und meinen Traumberuf gewählt hatte. Meine Ausbildung ermöglichte es mir, bereits 1988 mit dem Apple MacIntosh zu arbeiten. Und rückblickend kann ich sagen – lernen und arbeiten ist sich sehr ähnlich. Tatsächlich habe ich seit Beginn meiner Ausbildung sehr viel gearbeitet. Ich habe viele Jahre 12 bis 15 Stunden pro Tag gearbeitet – und doch hat es sich nicht so angefühlt. Denn ob ich 1991 Websiten und Multimedia CDs programmiert habe, ab 1997 die Basis-Technologie des heutigen neoos® entwickelt habe oder heute Vorträge halte: Ich hatte und habe Freude an meinem TUN – genauso wie beim Schreiben dieses Buches, bei der Entwicklung von Sprachkursen und Mentaltrainings oder beim Führen meiner Unternehmen. Aus neurowissenschaftlicher Sicht handelt es sich dabei um eine intrinsische Motivation. Ich folge den inneren Bildern, die mich antreiben (mehr dazu ab Kapitel 9). Und ja, auch ich verstehe langsam aber sicher, dass trotz intrinsischer Motivation Pausen nötig sind.

Lernen, arbeiten und Motivation

Doch zurück zum Lernen. Um die für mich scheinbar schwierigen Lernthemen bin ich dabei irgendwie immer herumgekommen. Ein Beispiel: Mein „Englisch-Problem" war nie ein akutes, weil ich diese Sprache beruflich nie benötigte. Als ich meine erste Firma gründete, hatte ich nur Kunden aus Deutschland und Österreich. Als wir die ersten internationalen Kunden betreuten, hatte ich schon zwei englische Muttersprachler als Mitarbeiter in meinem Unternehmen – und wieder hatte ich keinen Bedarf, mich mit dem „Problem" zu beschäftigen. Ich ärgerte mich zwar ab und zu ein bisschen über mich selbst, aber es war eben doch einfacher, das Thema zu ignorieren. Englisch lernen? Es gab keinen Druck, meine Vermeidungsstrategie funktionierte. Und dann kam Mitte der neunziger Jahre das besagte Führungskräfte-Training. Ich war sofort stark beeindruckt, mein Spieltrieb geweckt. Das erste persönliche Treffen mit Vera F. Birkenbihl faszinierte mich genauso wie die dann folgenden regelmäßigen Treffen. Unsere inspirierende Beziehung endete leider im Jahre 2011 mit ihrem viel zu frühen Tod. Also starten wir durch und räumen wir mit den Mythen rund ums Sprachenlernen gründlich auf. Ich garantiere Ihnen, Sie werden eine Menge Spaß haben. Und der beginnt mit der unten stehenden Grafik. Mit der möchte ich Ihnen einen kleinen Kick mit auf Ihren Weg geben. Die 10 meist gesprochenen Sprachen der Welt*. Der blaue Balken zeigt, wieviele Menschen die Sprache sprechen, der grüne Balken zeigt die Anzahl der Muttersprachler. Welche Sprache ist Ihre erste Wahl?

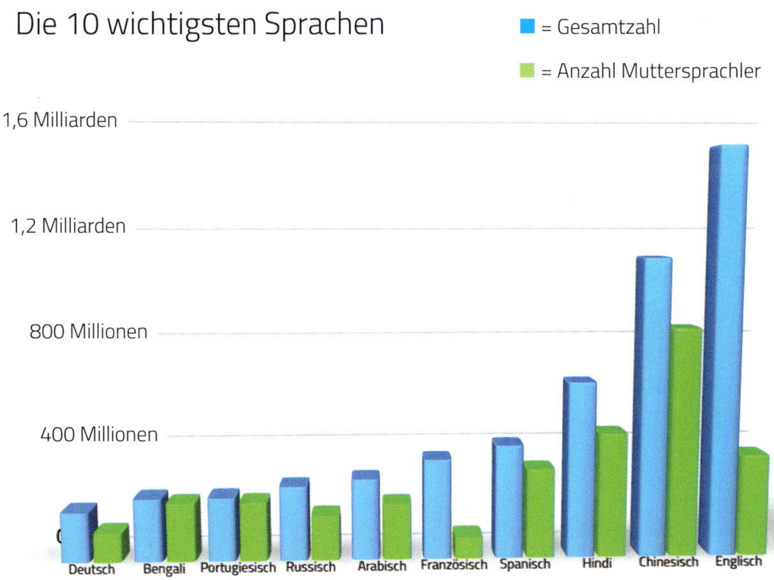

Welche Sprache ist für Sie WICHTIG?

* Weitere Details zur Grafik finden Sie unter www.josuakohberg.com/sprachenlernen

Kapitel 2 – das Ende der Mythen

Sie glauben, dass Sie untalentiert sind, Sprachen zu lernen? Sie glauben, dass es lange dauert und schwierig ist, eine neue Sprache zu lernen? Dass es viel Geld kosten wird? Dass Sie sich durch Grammatikregeln quälen werden? Sie sehen sich schon jahrelang die Schulbank drücken? Dann ist das hier Ihr Kapitel. Wir räumen mit den Mythen rund ums Sprachen lernen ein für alle Mal auf.

Mit diesem Kapitel sollen nicht nur falsche Sichtweisen korrigiert werden. Ich möchte Ihnen auch jede Ausrede „aus der Hosentasche ziehen", die Sie am Sprachenlernen hindert. Von meinen Klienten bekomme ich immer wieder die berühmten „Ja, aber ..."-Einwände. Ich werde stets mit den gleichen Mythen konfrontiert. „Kinder lernen doch viel einfacher als Erwachsene." „Ich habe einfach keine Sprachbegabung." „Ich habe keine Zeit." „Das ist mir alles zu teuer."

Übrigens, wenn Sie diese Ausreden und Mythen nicht benutzen, umso besser. Dann sparen Sie sich das Kapitel einfach. Oder lesen Sie es, um Argumente auf Lager zu haben, wenn einige Ihrer Freunde oder Bekannten zur „Ja, aber ..."-Fraktion gehören. Diese Fraktion ist in der Regel sehr groß und man sollte ihr entsprechend begegnen. Warum? Weil ich zutiefst davon überzeugt bin, dass jeder Mensch ein, zwei oder drei weitere Sprachen lernen kann. Natürlich sind dafür einige Grundvoraussetzungen nötig: eine klare Entscheidung, richtige Techniken und natürlich das Wollen!

Ich glaube sogar, dass all dies wichtiger ist, als der eigentliche Lernvorgang. So habe ich Kunden erlebt, die mit unseren Trainings ohne Vorkenntnisse in atemberaubender Geschwindigkeit Russisch oder Arabisch gelernt haben. Und ich habe Kunden erlebt, die über Monate hinweg keine Fortschritte in Englisch erzielt haben, obwohl bereits eine Basis aus der Schule vorhanden war. Und: Alle Kunden nutzten die gleichen Unterlagen und Lernstrategien! Trotz eines Starts voller Begeisterung und den besten Absichten fallen viele Menschen nach einiger Zeit in ein Loch. Die Herausforderungen sind oftmals schon da, bevor wir richtig losgelegt haben mit unserem Weg. Ich spreche von den oben aufgeführten Hindernissen wie dem angeblichen Zeitmangel oder dem fehlenden Glauben ans eigene Talent. Die „Sprach-Schüler" sehen sich Mauern gegenüber, sie fühlen sich eingesperrt, in alten Mustern gefangen. Wir werden uns im dritten Kapitel damit beschäftigen, wie dagegen anzugehen ist und wie Sie mental zur Höchstform auflaufen. Und Sie werden feststellen, dass dies in jedem Bereich Ihres Lebens von großem Wert sein kann. Doch jetzt konzentrieren wir uns auf die Mythen, die sich um das Erlernen einer Sprache ranken.*

Ich habe kein Talent, eine Sprache zu erlernen.

Wenn dem so wäre, würden Sie dann Ihre Muttersprache fließend sprechen? Wohl kaum. Und natürlich gibt es Unterschiede. Der eine spricht viel, der andere weniger. Der eine liest gerne, der andere nicht. Einer kann gut zuhören, der andere nicht. Es ist wahrscheinlich, dass Sie diese Muster in den zusätzlich gelernten Sprachen auch leben. Doch die Behauptung „Ich habe kein Talent" ist ein Killer-Argument, vielleicht sogar eine sich selbsterfüllende Prophezeiung. Sobald wir den mangelnden Lernerfolg auf das nicht vorhandene Talent schieben, hat es ja schon nichts mehr mit unserem „TUN" zu tun, wir „können" ja nicht, auch wenn wir wollten.

Ich möchte an dieser Stelle Prof. Dr. Britta Hufeisen zitieren. Sie erforscht seit Jahrzehnten Mehrsprachigkeit und multiples Lernen und sitzt im Beirat der Bundeszentralstelle für Auslandsschulwesen. Sie sagte in einem Interview: „Meiner Ansicht nach gibt es keine Begabung für das Sprachenlernen. Das hören viele nicht gerne, aber es ist so." Es gibt lediglich eine Sprachlernneigung, die das Lernen über die Motivation beeinflusst. Und genau die ist für das Erlernen einer Sprache absolut zentral. Sprachen lernen steht und fällt mit der Motivation".

Sprachen lernen steht und fällt mit der Motivation

Tatsächlich spricht (fast) JEDER Mensch auf dieser Erde eine Sprache, hunderte Millionen Menschen sprechen sogar mehr als eine Sprache. Und

* Auf den nächsten Seiten hier im Buch schauen wir uns die wichtigsten Ausreden und Mythen an. Ein Erweiterung finden Sie im Online-Bereich zum Buch.

glauben Sie wirklich, dass alle sprachtalentierten Europäer zufälligerweise über den Benelux-Ländern abgeworfen wurden? Wohl eher nicht, oder? Die Erklärung für die durchschnittlich höhere Mehrsprachigkeit der Belgier, Niederländer und Luxemburger im Vergleich zu uns Deutschen ist viel einfacher: Es gibt in den Benelux-Staaten deutlich weniger Fernsehsendungen, die in der jeweiligen Landessprache synchronisiert ausgestrahlt werden. Viele Filme und Serien werden in der Originalsprache mit Untertiteln gezeigt. Die Benelux-Länder „genießen" diesen Lernvorteil, weil sich die Synchronisation im Verhältnis zur Bewohnerzahl nicht lohnt. Und Sie kriegen den Tipp zu dieser Lernmethode auch hier im Buch.

Was kostet es mich, KEINE Sprache zu lernen?

Bei meinen Besuchen in Indien konnte ich feststellen, dass viele Inder aus den höheren Bildungsschichten zwei oder drei Sprachen sprechen. Denn dort ist die Antwort auf die Frage „Was kostet es mich, KEINE weitere Sprache zu sprechen?" sehr viel deutlicher als bei uns. Diese Menschen haben vielleicht nur dann einen guten Job, wenn sie mit ihren Sprachkenntnissen im Call Center oder als Programmierer arbeiten können. Alles eine Frage der Sichtweise. Länder wie China und Indien geben in den letzten Jahren richtig Gas. Dort stellt sich so gut wie niemand mehr die Frage, ob er eine weitere Sprache lernen sollte. In den bildungsnahen Schichten ist Mehrsprachigkeit bereits Fakt. Und das hat nichts mit einem Sprach-Gen oder mit Talent zu tun.

Die einzig sinnvolle Methode ist, die Sprache direkt im Land zu lernen.

Wäre dies wahr, dann dürfte es in Deutschland keine Einwanderer geben, die seit 20 oder mehr Jahren hier leben und die deutsche Sprache trotzdem nicht fließend sprechen. Diese Menschen haben ja genügend Gelegenheit, in die deutsche Sprache einzutauchen. Wenn das ausreichend wäre, würden wir alle die neuen Sprachen tatsächlich nur noch über die Immersion lernen.

Tatsächlich benötigen Sie neben der Immersion (also dem Sprachbad) eine sinnvolle Verknüpfung der neuen Sprache mit Ihren inneren Bildern. Wenn Sie das Bild etwa eines Autos nicht nur mit Auto, sondern auch mit the car, el coche usw. verbinden, erst dann beginnt das Verstehen der neuen Sprache. Und dann kommt noch das Sprechen. Das Sprachbad ist dafür förderlich und wichtig, doch alleine reicht es nicht aus.

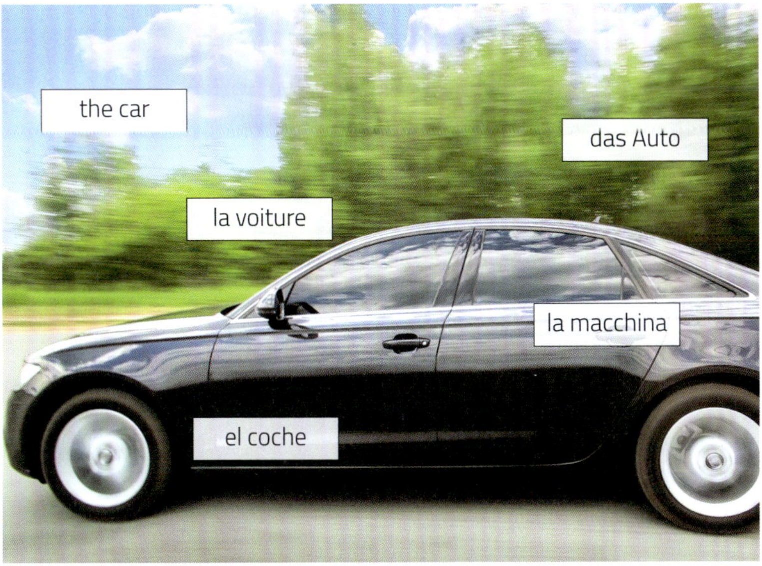

Erwachsene tun sich sehr viel schwerer beim Lernen einer Sprache als Kinder.

Ich habe tatsächlich schon mehrfach gehört, dass es ab einem gewissen Alter fast sinnlos sein soll, sich mit einer weiteren Sprache zu beschäftigen. Und tatsächlich nehmen wir alle wahr, wie schnell und nachhaltig Kinder eine Sprache lernen. Wachsen sie in einem mehrsprachigen Haushalt auf, können sie sich sogar zwei oder drei Sprachen gleichzeitig aneignen. Ist das aber wirklich der stichhaltige Beweis dafür, dass Erwachsene allein aufgrund ihres Alters nur langsam lernen? Nach meinen Recherchen gibt es keine einzige wissenschaftlich haltbare Studie, die eine Bestätigung für diese Annahme liefert. Erwachsene Lerner scheitern in der Regel am Lernansatz.

Erwachsene versus Kinder

Tatsächlich haben wir als Erwachsene sogar einen gewaltigen Vorsprung gegenüber einem Kleinkind, wie Sie noch feststellen werden. Denn: In den ersten Lebensjahren muss der Mensch während des „Sprachunterrichts" auch noch Körperbeherrschung, soziale Kompetenzen und vieles mehr erlernen. Er muss unglaublich viel Energie aufwenden, um sein „Weltbild" zu erschaffen. All das brauchen Sie nicht mehr zu tun. Sie wissen, wofür ein Glas benutzt wird und Sie wissen auch, dass dieses Glas zerbricht, wenn es vom Tisch fällt. Es hat Sie Jahre und großen Aufwand gekostet, souverän alle Laute Ihrer Muttersprache unterscheiden und wiedergeben zu können. Sie müssen zum Beispiel nicht mehr mit den Muskeln von Kehlkopf und

Zunge kämpfen, Sie können „m" und „n" unterscheiden, Sie kennen den Unterschied zwischen männlichen und weiblichen Stimmen.

Möchten Sie wissen, welche weiteren Vorteile Sie im Vergleich zum Kleinkind haben? Sie können Ihre Familienmitglieder und Freunde im Halbschlaf an deren Stimmen erkennen. Sie merken sofort und unbewusst, ob Ihr Gegenüber wütend oder gut gelaunt ist. Sie erkennen am Tonfall, ob jemand eine Frage stellt oder eine Aussage macht. Und Sie verstehen – zumindest unbewusst – die Körpersprache Ihres Gegenübers. Ein Lachen ist überall auf dieser Welt ein Lachen. Das ist Ihnen klar. Sie brauchen darüber nicht nachzudenken.

An der Universität in Haifa wurde untersucht, wie gut sich verschiedene Altersgruppen nicht erklärbare Grammatikregeln aneignen konnten. Untersucht wurden Achtjährige, Zwölfjährige und Erwachsene. Und das Ergebnis? Die Erwachsenen waren in allen bewerteten Punkten durchweg besser*.

Die echten Probleme

Die wirklichen Probleme der Erwachsenen liegen in der Technik und in der Umgebung. Wenn Sie einmal wöchentlich in einem Seminarraum der Abendschule Englischunterricht genießen und dabei einem Englischlehrer folgen, dessen Muttersprache Deutsch ist und der irgendwelche unverständlichen Grammatikregeln erläutert und Ihnen Vokabellisten mit nach Hause gibt, dann muss das Ergebnis einfach mangelhaft sein.

Warum lernt aber das Kleinkind so leicht? Ganz klar: Es hat 24 Stunden täglich hoch engagierte Muttersprachler (meist immer noch die Mutter, oft auch den Vater) als Sprachlehrer um sich. Und: Die Lernmethode ist die einfachste der Welt. Sie lautet: „Kopiere, egal was!"

* Catherine de Lange, „Alter ist keine Ausrede dafür, eine neue Sprache zu lernen / Age No Excuse for Failling to Learn a New Language", New Scientist, 22. Juli 2011, 2822

Dialekte lernen wir ganz „nebenbei"

Das führt dann dazu, dass nicht nur Hochdeutsch gelernt wird, sondern häufig auch noch ein bayerischer, hessischer oder österreichischer Dialekt. Wenn Sie jetzt einwerfen, dass ein Kind viel besser als wir in der Lage ist, die Sprache unbewusst aufzunehmen, stimme ich Ihnen zu. Mit einem großen ABER, denn in Wirklichkeit sind wir als Erwachsene genauso gut in der Lage, Lerninhalte in unser Unterbewusstsein zu transportieren. Es bedarf dazu schlicht der Fähigkeit, den inneren Kritiker „auszuschalten", was wir in einem Folgekapitel detailliert behandeln. Und es bedarf der richtigen Technik. Wenn Sie die Techniken kennen, eine Sprache unbewusst aufzunehmen, verschieben Sie ganz einfach 80 Prozent Ihrer gesamten Lernzeit auf die unbewusste Ebene. Das heißt im Klartext, Sie sind in wenigen Wochen sprachfähig. Und genau darum geht es uns doch. Ich bin der Meinung, dass wir alle – Kinder, Jugendliche oder Erwachsene – Vor- und Nachteile aufgrund unseres Alters und unserer Erfahrungen oder eben „Nicht"-Erfahrungen haben. Wir sind in jedem Alter in der Lage, eine neue Sprache fließend zu sprechen und es ist dafür NIEMALS zu spät. Der bisher älteste (mir persönlich bekannte) Nutzer meines Sprachlern Systems ist 83 Jahre alt.

Wenn ein Kind die ersten tausend Wörter allein durch menschliche Interaktion lernen kann, warum sollte es dann für uns als Erwachsene nicht möglich sein, einen Großteil dieser Lernumgebung zu simulieren? Denken Sie nur daran, dass ein Kleinkind Fulltime-Unterricht genießt. Die Eltern haben unendlich viel Geduld, sie lachen über die Fehler in der Aussprache („ist das süß") und sie freuen sich unbändig über jeden neuen Erfolg. Und sehr entscheidend ist zudem die Haltung eines Kleinkindes. Es WILL kommunizieren.

Sie werden erstaunt sein, was von diesen Möglichkeiten alles in den normalen Alltag des Sprachtrainings kopierbar ist. Es kommt tatsächlich auf die Technik an.

Ich habe keine Zeit, eine Sprache zu lernen.

Häufig höre ich von Kunden einen Satz wie diesen: „Wenn ich in Vollzeit lernen könnte, würde ich das natürlich machen." Wissen Sie, wie viele Menschen ich kenne, die in Vollzeit eine Sprache gelernt haben? Genau drei und alle drei waren als Austauschschüler bei einer Gastfamilie untergebracht. Das ist meines Erachtens die einzige Möglichkeit, rund um die Uhr in eine Sprache einzutauchen. Und das Ergebnis ist in der Regel hervorragend. Die drei mir bekannten Menschen haben eine fremde Sprache innerhalb von nur wenigen Wochen fließend beherrscht. Die Erfahrungen von Austausch-Organisationen belegen, dass dies die Regel ist.

Keine Zeit? Dann ist es nicht wichtig!

Ergo, es gilt beim Sprachenlernen genauso wie in vielen anderen Bereichen: Habe ich für etwas keine Zeit, ist mir etwas anderes wichtiger. Springen wir kurz in Kapitel 3 und erschlagen diesen Mythos: Wenn Sie die Sprache WIRKLICH, WIRKLICH, WIRKLICH lernen möchten, werden Sie die Zeit finden. Es geht nämlich um die klare Entscheidung fürs Lernen! Bei unseren High-End-Trainings benötigen Sie acht bis zwölf Wochen lang nur täglich 3 x 10 Minuten bewusstes Training. Und wissen Sie was? Sogar diese wirklich lächerlich anmutenden 30 Minuten pro Tag werden zum Problem, wenn Sie keine oder nur eine „lasche" Entscheidung getroffen haben. Sie werden nur Zeit haben, wenn es Ihnen wichtig genug ist!

An dieser Stelle noch eine Anmerkung: Wie viel Zeit verbringen Sie täglich mit Facebook, Youtube, Fernsehgeräten und anderen Zeiträubern? Ich wette, dass es mehr als 30 Minuten pro Tag sind. Das heißt, Sie haben rein rechnerisch genügend Zeit. Sie müssen sich nur klarmachen, wie wertvoll die Beherrschung einer Fremdsprache ist. Dann sind die wenigen täglich zu investierenden Minuten für die nächsten drei Monate überhaupt kein Thema mehr. Es geht nicht darum, Zeitpläne für zwei oder drei Jahre zu entwickeln.

Sprachprogramme sind teuer. Ich warte auf die perfekte Gelegenheit, das Schnäppchen.

Auf dieses Argument antworte ich mit einer Gegenfrage: Was kostet es Sie, die gewünschte Sprache nicht zu beherrschen? Vielleicht kostet es Sie im Moment kein Geld, aber was es Sie sicher kostet, sind interessante Begegnungen und eine Menge Selbstwertgefühl. Bleiben wir aber doch mal kurz beim finanziellen Aspekt. Sie können leicht im Internet recherchieren, dass mehrsprachige Mitarbeiter in den meisten Fällen ein höheres Gehalt erhalten als solche, die nur ihre Muttersprache beherrschen. Für eine Vielzahl von Berufen ist die Mehrsprachigkeit sogar eine Grundbedingung. In vielen leitenden Positionen wird Englisch vorausgesetzt und Sprachen wie Spanisch oder Russisch haben für international agierende Unternehmen mittlerweile eine ähnlich hohe Priorität.

Kosten versus Ergebnis, doch der Schlüssel ist Ihre Motivation

Doch schauen wir uns noch einmal die Kosten eines Sprachtrainings an. Die weit verbreitete Annahme „je effizienter, desto teurer" ist nur bedingt richtig. Ich habe Sprachlernprogramme kennengelernt, die mit Auslandsaufenthalten und Einzel-Coaching weit über 10.000 € gekostet haben. Natürlich stellt sich die Frage, ob es nicht einfacher ist, einige Monate im Ausland zu leben. Grundsätzlich ja, doch wenn ich mich dort nur mit deutschsprachigen Menschen umgebe, hilft mir das nur sehr wenig. Nehmen wir an, Sie hätten italienische Freunde, dann kostet Sie die Zeit mit Ihren Freunden gar nichts. Sie würden sie sowieso treffen. Warum also nicht Italienisch sprechen? Zeit mit Freunden zu verbringen, macht zudem Spaß. Abraten möchte ich Ihnen davon, viele verschiedene Produkte zu kaufen. Das ist wie beim Wunsch, endlich körperlich fitter zu werden – und sich deshalb ein Trampolin, einen Hometrainer, Hanteln und vieles mehr zu besorgen. So viel, dass man sich total überfordert fühlt und alles ordentlich gestapelt im Keller verstaut.

Die meisten unserer Kunden haben schon in irgendeiner Form Anläufe in den gewünschten Sprachen gemacht, einige haben Jahresabos bei Onlineportalen für hunderte Euro abgeschlossen. Und sie haben das Wichtigste übersehen: die Entscheidung am Anfang. Dazu kommen wir, wie gesagt, in Kapitel 3. Um es klar zu sagen: Sie können mit den Techniken aus diesem Buch sogar irgendeine Zeitung Ihrer Wahlsprache am Kiosk kaufen und jeden einzelnen Artikel bearbeiten. Sie können das Internet nach Videos und Texten durchforsten. Es wird Sie nicht einen Cent kosten, mit diesem Material zu trainieren. Sie haben also lediglich in den Buchpreis investiert!

Zeit oder Geld, das ist die Frage

Wenn Sie etwas weniger Zeit haben, nutzen Sie einen meiner Selbstlern-Kurse. Und wenn es ganz schnell gehen soll, dann starten Sie mit einem Premium Training bei uns durch. Die Formel ist immer die gleiche: Wenig Zeit bedeutet höhere Kosten. Und das trifft übrigens nicht nur auf das Sprachtraining zu. Es gilt auch für ein Gourmetessen. Möchten Sie das serviert bekommen ohne Zeit fürs Kochen einzusetzen, kostet es eben ein paar Euro mehr. Dasselbe gilt für Ihren Urlaub, den Sie zu hundert Prozent selbst organisieren oder eben planen lassen können. Und die Liste ließe sich endlos fortsetzen. Immer müssen Sie entweder mehr Zeit oder mehr Geld einsetzen, um ein bestimmtes Ergebnis zu erzielen.

Und was ist mit dem „perfekten" Kurs? Auf den würde ich an Ihrer Stelle nicht warten. In unseren Einsteiger-Kursen erleben Sie, wie sie mit Hilfe des Internets, einem einfachen Sprachführer oder auch Zeitschriften sehr schnell weitere Sprachkompetenz aufbauen. Ein Sprachkurs ist gut für den Einstieg oder ein bestimmtes Thema. Doch er ist natürlich immer beschränkt auf einige hundert oder tausend Vokabeln und Redewendungen. Wenn Sie eine Sprache LEBEN möchten, brauchen Sie mehr „Fleisch". Und das gibt es für viele Sprachen ganz einfach über Zeitschriften, Bücher, DVDs und YouTube-Videos.

Ich muss erst einmal lernen, bevor ich mich unterhalten kann.

Klar, wenn Sie nichts verstehen, können Sie auch nicht sprechen. Die gute Nachricht: In Kapitel 6 erfahren Sie, wie Sie schon am ersten Tag ein Verständnis für die neue Sprache aufbauen können. Und genau deshalb sprechen Sie in meinen Trainings auch ab dem ersten Tag, denn mit der Unterstützung durch passives Hören ist das möglich. Der große Tag, an dem Sie endlich genügend Wörter beherrschen, um wie in Ihrer Muttersprache zu sprechen, wird allerdings nicht nach zwei oder drei Wochen kommen.

Warum? Nun, was glauben Sie, wie viele Wörter einem Menschen mit der Muttersprache Deutsch zur Verfügung stehen? Schreiben Sie es doch bitte auf:

Was glauben Sie? Wie viele Wörter hat unsere Sprache?

Die deutsche Sprache verfügt über _________________ Wörter.
Ob Ihre Antwort korrekt ist, erfahren Sie auf Seite 210

Ich kann mich nicht konzentrieren.

Die einfachste Art und Weise, hohe Konzentration zu erzeugen: Fokussieren Sie sich auf nur eine Sache! Ein Beispiel aus meinem Leben: Ich schreibe sehr gerne Bücher wie dieses hier. Und ich habe für ein Buch noch nie länger als zwanzig Tage benötigt. Viele meiner Kollegen sind verblüfft und fragen mich, wie ich das schaffe. Oft höre ich davon, dass Bücher als mehrjährige Projekte angelegt sind. Wenn ich ein Buch schreibe, lege ich den Schwerpunkt meines Lebens genau darauf. In der Regel melde ich mich für 20 bis 25 Tage in meinem Unternehmen ab. Dann schreibe ich zwanzig Tage und danach nehme ich mir noch ein paar Tage frei.

Ich beantworte natürlich E-Mails während dieser Zeit, ich führe Telefonate und ich esse mit meiner Familie zu Abend. Doch ich treffe in dieser Zeit keine Marketing-Entscheidungen, führe keine Gespräche mit Großkunden und so weiter. Diese Aktionen, die viel Energie vom Buch abziehen würden, sind vollkommen geblockt. Für 20 Tage! Was bedeutet das für Ihr Sprachtraining? Nun, wenn Sie sich entscheiden, innerhalb von acht Wochen die Basis einer neuen Sprache zu lernen, dann blocken Sie für diese acht Wochen alles andere ab. Natürlich können Sie nebenbei arbeiten, Sie können auch Urlaub machen. Aber seien Sie sich im Klaren darüber, dass es die nächsten acht Wochen höchste Priorität hat, die Sprache zu lernen. Jeden Tag mindestens 30 Minuten, vielleicht sogar 60 Minuten, wenn Sie die Spaßfaktoren aus Kapitel 3 einbauen. Nur so können Sie sich ausreichend auf die Sprache konzentrieren und die nötigen Wiederholungsrate auf der bewussen und unbewussten Ebene aufbauen.

Was ich damit meine: Wenn Sie gerade eine neue Firma aufbauen, ein Haus bauen oder in Kürze Mutter oder Vater werden, verschieben Sie das Thema neue Sprache. Bleiben Sie bei Ihrem Haus, Ihrem Kind oder was auch immer. Und wenn diese Dinge einigermaßen abgeschlossen sind beziehungsweise nicht mehr all Ihre Aufmerksamkeit benötigen, dann gehen Sie die Sprache an.

Weitere Mythen finden Sie im Online-Bereich Buch, loggen Sie sich einfach unter www.josuakohberg.com/sprachenlernen ein.

Und damit steigen wir schon in das dritte Kapitel ein. Jetzt erfahren Sie, mit welchen Techniken Sie eine neue Sprache in wenigen Wochen erlernen können.

Weitere Mythen finden Sie im Bonus Material auf der Website

Frau Gröninger, Sie sind Headtrainerin in der KOSYS Akademie und alle unsere Sprachkurs Kunden im Englisch Training kennen Sie als die „weibliche Stimme". Wie ist Ihre Liebe zu Sprachen entstanden?

Im Prinzip ganz einfach. Ich hatte schon als kleines Kind das Glück, dass meine Eltern oft in den Urlaub gefahren sind, und wir hatten Verwandtschaft in Amerika. Und das auch noch an der kalifornischen Küste. Ich konnte die Sprache natürlich nicht, aber da es mir dort super gefallen hat und meine dortige Familie auch sehr nett ist, wollte ich mich natürlich verständigen können. Außerdem sagt man mir nach, dass ich teilweise ein Mundwerker bin. Da blieb mir nichts anderes übrig, als Englisch zu lernen. Da ich mit 11 Jahren noch keine Vorkenntnisse hatte, habe ich Englisch so gelernt, wie meine Muttersprache. Hören, verknüpfen, verstehen und sprechen. Im Nachhinein betrachtet – mit unserer Methode.

Wie haben Sie diese Erfahrung in unsere heutigen Sprachkurse integriert?

Als Steilvorlage hat das passive Hören und die Ideen von Heinrich Schliemann, Vera F. Birkenbihl und die Weiterentwicklungen von Josua gedient, denn all das bedient genau den Weg eine Sprache zu lernen, wie ich es selbst erfahren habe. Mein Amerika Aufenthalt hat mich nicht nur im Ozean baden lassen, sondern eben auch in der englischen Sprache. Und genau das ist das, was uns der neoos® im Rahmen unserer Sprachkurse bietet. Ich war selbst teilweise überrascht, über welches Vokabular ich als junges Mädchen scheinbar aus dem Nichts heraus verfügte.

Das passive Hören ist ja nur eine Säule. Welche der drei Säulen ist denn Ihrer Meinung nach die wichtigste?

Wirklich stabil stehen – im übertragenen Sinne eine Sprache sprechen und „beherrschen" – kann man nur auf allen drei Füßen. Da sich alle bedingen, beraube ich mich, wenn ich eine Säule weglasse, um einen Großteil der Effektivität. Das passive Hören alleine wäre zwar die Idealvorstellung, führt aber nicht zu einer aktiven Fähigkeit in der Sprache. Dazu gehören

eben auch die Fähigkeiten Verstehen und Sprechen, und bei Interesse auch Schreiben und Lesen. Für mich war es völlig klar, dass ich auch sagen möchte, dass ich DIESES Eis haben möchte. Und das musste ich natürlich verbal tun. Der neoos® ist leider kein Nürnberger Trichter.

Frau Gröninger, Sie haben ja die Steilvorlage des passiven Hörens erwähnt. Wo sehen Sie in den Sprachkursen von Josua Kohberg die wichtigste Weiterentwicklung?

Es sind zwei Dinge. Punkt eins — wir beginnen wirklich dort, wo es für den Teilnehmer in der Umsetzung interessant wird. Er holt sich seine Sicherheit aus der Fähigkeit, einfache und klare Sätze zu bilden. Mit einem Vokabular von 1.000 bis 1.500 Vokabeln nach dem Einsteigerkurs. Der Einsteigerkurs beinhaltet ca. 3.000 Vokabeln und diese fließen peu à peu in den aktiven Wortschatz ein. Ich kenne das aus eigener Erfahrung, da ich in meiner Jugendzeit erst einmal deutlich mehr verstand als ich aktiv sprechen konnte. Genau das berichten auch alle unsere Teilnehmer. Die Aha- Erlebnisse, wenn sie unbewusst eine neue Vokabel verwenden, sind oft sehr lustig.

Kommen wir noch einmal auf die 1.000 Vokabeln zurück. Warum so „wenige" Vokabeln?

Wenn ich an ein fünf- bis sechsjähriges Kind denke, dann benutzt es circa 500 bis 1000 Vokabeln. Und ich glaube wir sind uns einig, dass ein Kind in diesem Alter sehr gut rüberbringen kann, was es haben will. Außerdem — ohne dass es böse klingen soll — reicht dieser Wortschatz aus, die Bildzeitung zu durchdringen. Es macht einfach sehr viel Sinn, auf ein kleines, stabiles Fundament aufzubauen als auf eine vage, wabernde Masse von Vokabeln, die ich nicht beherrsche und die ich nicht korrekt und flüssig einsetzen kann.

Sie haben einem unserer Geschäftskunden im Vorgespräch die Frage nach den 1.000 Vokabeln mit einer schönen Analogie beantwortet. Er ist Golfspieler, genau wie Sie. Können Sie uns diese Erklärung bitte auch hier liefern.

Ich score beim Golfspielen auch besser, wenn ich fünfmal gezielt mit kürzeren Schlägen geradeaus spiele, als wenn ich mit einem langen Schlag den Ball in den Wald befördere. Entweder finde ich ihn gar nicht mehr oder ich brauche Strafschläge und viel Mühe, um ihn zum Ziel zu befördern. Mal ganz abgesehen vom Stressfaktor.

Vielen Dank für die tolle Erklärung. In den Video Tutorials gehen Sie ja noch tiefer in das Thema, deswegen wollen wir Ihnen jetzt noch eine persönliche Frage stellen. Was glauben Sie, wie die Welt unserer Kinder in 50 Jahren aussehen wird? Und welche Rolle wird Sprache in dieser Welt spielen?

Ich weiß zwar nicht, wie die Welt in 50 Jahren aussehen wird — rein optisch. Aber ich bin sehr sicher, dass eine vernünftige Bewegung im Geschäftsleben unabdingbar eine Sprachkompetenz erfordert. Ich meine damit, die Sprachen anzuwenden. Die Familien werden immer interkultureller, die Geschäftswelt ist ohnehin schon global aufgestellt. Neben der Muttersprache glaube ich, dass Englisch Standard sein wird. Und eine weitere der großen Weltsprachen wie Spanisch, Russisch oder Chinesisch als Standard gelten werden.

Das ist ja interessant. Worauf begründet sich Ihre Meinung?

Bei unseren Kunden in der Großindustrie zeigt sich in den Personalfragebögen genau dieser Trend. Im mittleren Management ist Englisch eine Voraussetzung, Spanisch erwünscht und mindestens eine weitere Fremdsprache erwartet.

Was möchten Sie dem Leser noch mit auf den Weg geben?

Sprachen lernen macht natürlich Spass und ist in der heutigen Welt wichtig. Man könnte es sogar — und das ist mein Anliegen im Gesundheitsbereich — als Präventivmaßnahme gegen geistiges Altern sehen. Es gibt eine Studie, die aufzeigt dass bei Personen, welche zwei Sprachen fließend beherrschen, die Gefahr einer Alzheimer Erkrankung um 80 Prozent sinkt. Außerdem ist es für jeden, der wie ich ein Effizienz-begeisterter Lerner ist, mit unserer Methode eine reine Freude.

Weitere Informationen zu Katja Gröninger finden Sie unter www.kosys.de.

Kapitel 3 – lernen Sie jede Fremdsprache in wenigen Monaten

In diesem Kapitel beschäftigen wir uns detailliert mit den drei Schritten meiner Lernnmethode. Das Ziel – lernen Sie die Basis einer neuen Sprache in zwei bis drei Monaten bei einem täglichen Lerneinsatz von nur 30 Minuten.

Wie und warum das funktioniert, ist der Inhalt des folgenden Kapitels.

Brauchen Sie einen „Lehrer"?

Unsere Muttersprache haben wir ohne Anleitung eines „Lehrers" erlernt. Wir haben sie „einfach" benutzt. Und genau das ist der Unterschied zu klassischem Sprachunterricht. Als Kleinkind TUN wir Sprache, statt darüber zu reden. Tatsächlich haben wir drei einfache Schritte benutzt: Hören, Verknüpfen, Sprechen. Schauen wir uns die drei Schritte zum Erlernen neuer Sprachen noch einmal im Überblick an:

Schritt 1 – dauerhaftes Hören der Sprache

Das Eintauchen in die Sprache ist das Geheimnis. Wenn Sie die Sprache täglich sieben oder acht Stunden hören, tauchen Sie ganz automatisch ein. Genau das erlebt ein kleines Kind. Während es wach ist, hört es die Sprache der Umgebung, das perfekte Sprachbad. Sie nehmen das Sprachbad über Videos, Audioinhalte, Texte in der Zielsprache und so weiter.

Schritt 2 – Verbinden der Audiocodes mit Bildern

Ein Kind verbindet Audiocodes mit Bildern (Code Auto – Bild Auto). Für uns ist die einfachste Methode die Dekodierung (Wort-für-Wort-Übersetzung). Damit können Sie in Rekordzeit die neue Sprache bewusst und unbewusst aufnehmen und verstehen. Sie benötigen keine Grammatikregeln und Sie lernen keine isolierten Vokabeln auswendig.

Schritt 3 – Audio-Information selbst nutzen, also „sprechen"

Schon während Sie die Sprache lernen zu „verstehen", beginnen Sie zu sprechen. Das Kind brabbelt, wir nutzen das Sprechen im Chor mit Muttersprachlern. Sie sind völlig entspannt, da niemand Ihre ersten „Sprechversuche" hört. Und innerhalb weniger Stunden Training werden Sie große Fortschritte im Sprechen machen.

Zu diesen drei einfachen Schritten werde ich Ihnen jetzt noch weitere Hintergrund-Informationen liefern. Diese dienen einem einzigen Ziel: der Umsetzung der drei Schritte. Denn nur das, was wir wirklich verstehen, benutzen wir in der Regel auch.

Schauen wir uns noch einmal das Kleinkind an. Wir haben die Sprache damals gelernt, weil wir die Bedeutung der Wörter irgendwann verstehen konnten. Das Gelernte war für uns schon deshalb von Bedeutung, weil wir selbst kommunizieren wollten. Deshalb waren die Informationen für uns relevant. Wenn wir heute eine neue Sprache lernen möchten, muss sie für uns relevant sein. Wir müssen für den Inhalt also eine hohe Form der Aufmerksamkeit entwickeln. Wenn diese drei Punkte erfüllt sind, werden wir die Sprache im Gedächtnis behalten.

TUN ist Umsetzung

Bedeutung, Relevanz, Aufmerksamkeit und Speicherung der Inhalte führen zur Sprachkompetenz. Sie bedingen sich gegenseitig. Wenn wir diese Verbindung verstehen und bewusst leben, ist die Sprachkompetenz sogar eine logische Folge.

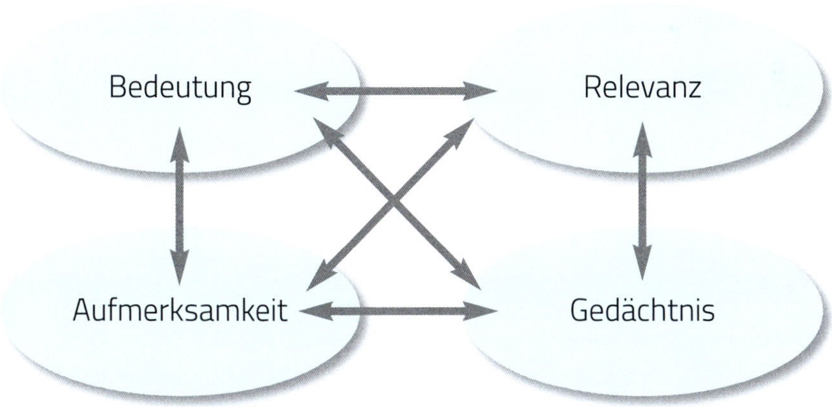

Eine gehirngerechte Lernmethode verbindet die vier Bereiche schnell und sinnvoll. Wenn Sie die Schritte meiner Methode in diesem Buch kennenlernen, werden Sie feststellen, dass jeder Schritt Bedeutung, Relevanz, Aufmerksamkeit und Inhaltsspeicherung kombiniert.

Schritt 1 – dauerhaftes Hören plus aktives und passives Baden in der Sprache.

Bedeutung

Sie erfassen die Bedeutung der Wörter und Sätze im Überblick, durch tägliche Praxis sind die Inhalte relevant und Sie verfolgen diese aufmerksam, durch die Wiederholungsrate wird Ihr Langzeitgedächtnis erreicht.

Relevanz

Schritt 2 – Verbinden der Audiocodes mit der Muttersprache

Aufmerksamkeit

Sie erfassen die Bedeutung der einzelnen Wörter, wodurch Wörter und Sätze sofort an Relevanz gewinnen. Die Aufmerksamkeit ist bei der Struktur der Sprache (nicht bei unverständlichen Regeln) und Sie verbinden neue Inhalte mit der gleichen Box (siehe nächste Seite), was die Gedächtnisleistung enorm anhebt.

Gedächtnis

Schritt 3 – sofort selbst sprechen

Sprache ohne „Sprechen" verliert an Bedeutung. Sie geben der Sprache Bedeutung, da Sie sofort sprechen. Die Sprache wird relevant für Sie durch den persönlichen Ausdruck, den Sie ihr geben. Sprechen erfordert Aufmerksamkeit und die Inhalte werden durch TUN im Gedächtnis verankert.

Schauen wir uns an, wie wir Bedeutung, Relevanz, Aufmerksamkeit und Gedächtnisleistung in der Kombination erreichen. Es gibt einfache Prinzipien und Aktionen, die uns schnell zum Ergebnis führen. Das Ergebnis ist Sprachkompetenz in der neuen Zielsprache.

Fangen wir mit der Bedeutung an. Die meisten, der eine Sprache Lernenden versuchen, die Bedeutung eines isolierten Wortes zu verstehen und das machen sie mit Vokabeltraining. Das ist heute immer noch Standard. Sie können komplette Sets mit Vokabelboxen kaufen, es gibt unzählige Apps dazu und vieles mehr. Eine typische Übung sieht folgendermaßen aus:

Vokabel pauken versus gehirngerecht lernen

Adler —> Eagle | Adler —> Eagle | Adler —> Eagle | Adler —> Eagle

Tatsächlich lässt sich die Bedeutung sehr viel einfacher mit einem Bild verbinden. Der Grundsatz heißt hier: gleiche Box, anderer Weg. Was einfach klingt, ist auch wirklich einfach. Bleiben wir bei dem Adler. Haben Sie schon einmal einen Adler gesehen?

Wenn ja, denken Sie jetzt doch bitte an den Adler.

Was passiert, wenn Sie an einen Adler denken? Genau. Sie sehen ihn plötzlich, und das obwohl Sie ihn nicht „wirklich" sehen. Sie machen einfach die Box „Adler" auf und schon sehen Sie den Adler. Und da erscheint das Bild des Adlers auch schon vor Ihrem „geistigen" Auge...

Sobald wir eine neue Audio-Information mit einer bereits bestehenden Box – einem inneren Bild – verbinden, benötigen wir nur noch knapp ein Zehntel der Wiederholungen im Vergleich zum Auswendiglernen isolierter Vokabeln. Warum? Weil wir auf bestehendem Wissen aufbauen. Wir verbinden eine bestehende Box (das Bild des Adlers und den Audio-Code Adler) mit einem zweiten Audiocode, dem Pfad „Eagle".

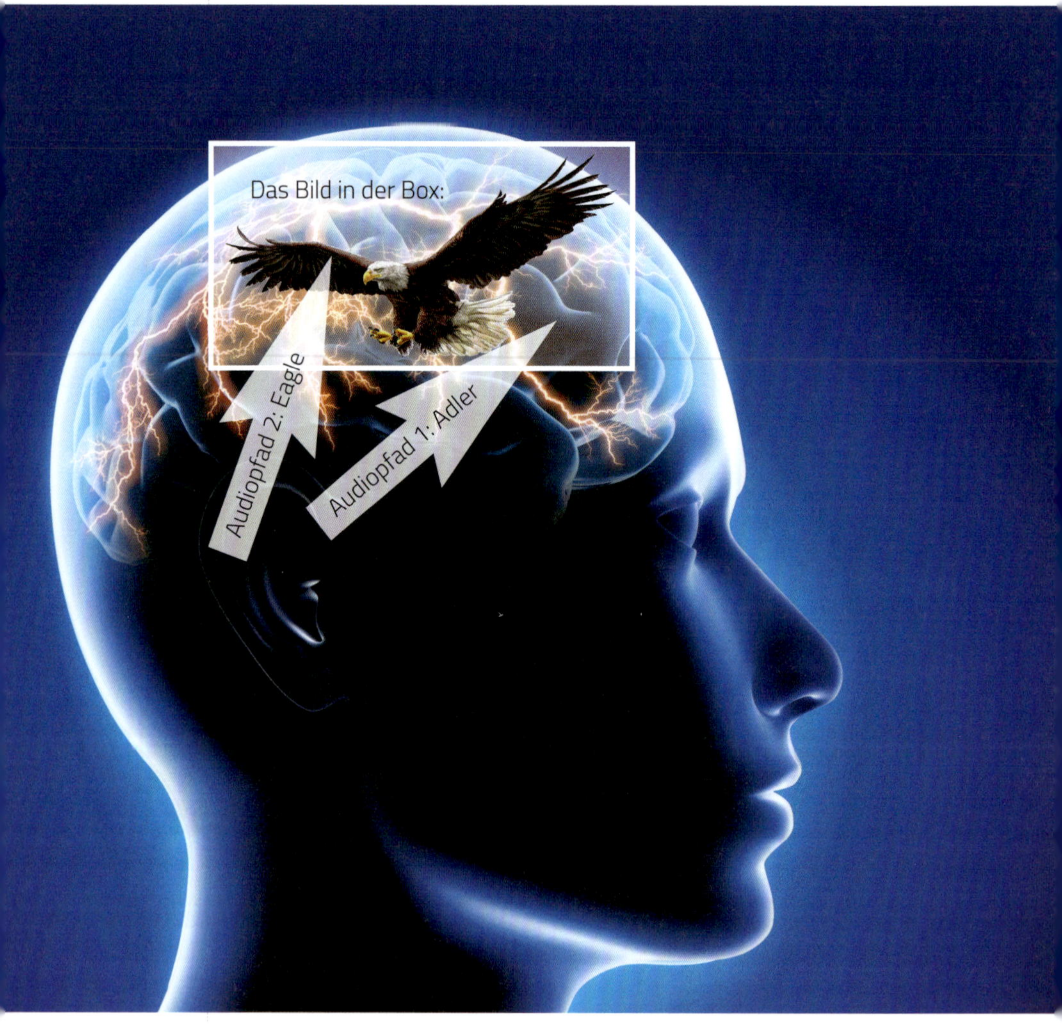

Und jetzt wird es noch spannender. Wenn wir nicht einzelne Wörter verbinden, sondern komplette Dialoge, wechseln wir auf die Überholspur. Warum? Weil wir zu separaten Wörtern nur bedingt Zugang haben. Vollständige Dialoge und sinnhafte Abläufe lassen sich noch einfacher speichern, weil sie „Sinn" ergeben und auch wesentlich emotionaler verankert werden können. Stellen Sie einfach das isolierte Wort „Strand" gegen den begeisterten Ausruf eines Kindes „Papa, schau mal wie toll der Strand ist. Bauen wir eine Sandburg?" Wo haben Sie eine höhere emotionale Verknüpfung?

Ein weiteres Beispiel: Wenn Sie einen Film mit zwei Stunden Länge im Kino sehen und dieser Film sie fesselt, passiert etwas Faszinierendes. Sie können am nächsten Tag, eine Woche später oder auch einen Monat später den Handlungsstrang mehr oder weniger detailliert wiedergeben. Wieso? Weil die mentale Verbindung mit dem Thema sich mit den passenden Emotionen und Ihrem individuellen Bewerten des Gesehenen kombiniert hat. Eine einzige Wiederholung und die Story sitzt.

Lernen und Emotion

Wenn Sie eine neue Sprache mit hohen Emotionen und einem „Sinn" sowie Ihren individuellen Bewertungen kombinieren, lernen Sie sehr schnell. Um es einfacher auszudrücken: Wenn Sie die neue Sprache als faszinierend empfinden, erschließt sich Ihnen ihre Bedeutung sehr schnell. Um es noch einfacher auszudrücken: Sind Sie verliebt in einen Menschen, der nur Spanisch spricht, rutscht die Bedeutung der neuen Sprache nur so in Sie hinein.

Und damit kommen wir schon zum nächsten, einem extrem wichtigen Punkt: dem TUN. Denn die Bedeutung einer Sprache vertiefen Sie durch ANWENDUNG. Vergleichen Sie es mit Ihrem Smartphone. Können Sie sich daran erinnern, als Sie das erste Mal eines in der Hand hatten? Sie haben sich herangetastet, Sie haben geübt, Sie haben es BENUTZT. Wir lernen den

Umgang mit Werkzeugen, technischen Geräten oder einer neuen Sprache ganz einfach durch TUN. Und deswegen stellt sich hier eine ganz einfache Frage: Wieviel Aufmerksamkeit geben Sie Ihrer neuen Sprache? Je höher die Aufmerksamkeit, desto höher die Geschwindigkeit des Lernprozesses. Dazu ein sehr einfaches Beispiel. Stellen Sie sich vor, Sie sind auf einer Safari und Sie sehen das hier:

Aufmerksamkeit ist einer der Schlüssel

Wenn Ihnen diese Spuren überhaupt auffallen (sind Sie Stadtmensch, sind sie vielleicht nicht wirklich beachtenswert), haben Sie vermutlich keine besonders hohe Aufmerksamkeit für das Gesehene. Wenn Sie die Spuren wahrnehmen, werden Sie ihnen vermutlich etwas Aufmerksamkeit widmen. Doch spätestens dann, wenn Sie das hier sehen, sind Sie mit 100 Prozent Aufmerksamkeit bei der Sache:

Und genau darum geht es bei der Aufmerksamkeit. Wie fokussieren Sie sich auf den Lerninhalt? Wie prägnant ist das Thema für Sie? Hier einfach noch einmal zwei verschiedene Szenarien zum Erfassen dieses Punktes.

Szenario 1: Sie gehen jeden Freitag um 18 Uhr in die Abendschule, um Italienisch zu „lernen". Bis zum jeweils nächsten Freitag haben Sie wenig Zeit, aber Sie freuen sich natürlich schon, Ihre Freunde im Unterricht wiederzusehen. Ihre Aufmerksamkeit ist wo genau? Ich weiß es nicht, aber vermutlich nicht bei der italienischen Sprache. Sie haben also im übertragenen Sinne vielleicht die Kratzer am Baum gesehen, aber das war es dann auch schon.

Abendschule versus Leben in Rom

Szenario 2: Sie wurden von Ihrem Arbeitgeber nach Rom versetzt. Sie wissen genau, wenn Sie nicht schnellstmöglich in Italienisch mitreden können, ist Ihr Posten in Gefahr. Sie wissen, Sie bekommen nicht die leckeren Dinge zu essen, wenn Sie nicht italienisch sprechen. Sie wissen, Sie werden Ihren Status als Single nur schwer ändern, wenn Sie in Rom kein bisschen italienisch sprechen. Im übertragenen Sinne sehen Sie den Löwen vor sich.

So, und jetzt sind Sie dran. Denn Dinge und Lerninhalte werden immer dann richtig relevant, wenn sie unser Überleben sichern. Wie könnte das Lernen Ihrer neuen Sprache Ihr Überleben sichern? Haben Sie eine Idee? Wenn ja, setzen Sie diese Idee gleich um.

Wenn Sie den Fokus ganz klar auf die neue Sprache legen, ist es auch kein Problem für Sie, jeden Tag für 8 oder 10 Stunden in der Sprache zu baden. Methoden gibt es dafür sehr viele. Und neben dem Sprachbad werden Sie die Sprache ab dem ersten Tag zur Kommunikation verwenden. Denn es geht ja um Ihr Überleben. Dafür bewegen wir uns schon mal, denn Überleben ist eine Grundbestrebung.

Klar, am Anfang können Sie noch keine kompletten Sätze sprechen. Dann fangen Sie eben an wie ein Kleinkind, aber Sie fangen an zu sprechen, das ist extrem wichtig für Ihren schnellen Lernerfolg. Sie starten eben mit ICH-DekodierungDUDekodierungAUTODekodierungDA. In meinen KOSYS-Sprachkursen nenne ich dieses Training das 0,0-Training. Der Einstieg für alle, die von ganz vorne anfangen. Wörter wie ich, du, er, sie, es (für die Profis unter Ihnen: die Personalpronomen ;-), Auto, Banane, Kopf und so weiter.

Verstehen Sie die Message

Sie werden etwas Faszinierendes erleben. Wenn Sie die einzelnen Wörter beherrschen, beginnen Sie, die Message zu verstehen. Und wenn Sie die Message verstehen, beginnen Sie, die Sprache bereits auf der unbewussten Ebene zu verarbeiten. Der Automatismus beginnt zu laufen und Sie lernen die Sprache bereits sehr viel tiefer, als Sie es „bewusst" jemals könnten. Sie lernen bereits jetzt, zum Start des Sprachtrainings, Mehrdeutigkeiten in der Sprache zu tolerieren. Diese Toleranz führt zu einer hohen Sprachkompetenz. Sie beginnen, zwischen den Zeilen zu lesen.

A S D D F F E H T G K L
M S D **L E S E N** S Q U N
S K B D K L J Ö I W R S D
L K Z **Z W I S C H E N** I L E
D K L W I Ö Y L K O H J L K
L K S L K J **D E N** O W E K
S Ö D L K J F L K O W S K
K E S J **Z E I L E N** H F U N
S K D K H F U N E R G N

Denn Sprachen lernen wir tatsächlich nicht nur über WISSEN, der Schlüssel für einen schnellen Lernprozess ist die Immersion, das Sprachbad.

Das Sprachbad in der Kombination mit dem Verständnis der Sprache kann tatsächlich als Schlüssel für das Sprachenlernen bezeichnet werden. Ein Grundlagenforscher in diesem Bereich ist der Amerikaner Stephen Krashen (University of Southern California). Er hat zahlreiche Studien veröffentlicht wie die unten aufgeführte aus dem Jahr 2013. Diese zeigt, wie unterschiedlich der Lernfortschritt ist, wenn man grammatik-fokussiertes Lernen mit verständnisorientiertem Lernen, wie Sie es in der De-Kodierung in meiner Methode erleben, vergleicht. Es ist übrigens eine der einfachsten Methoden, Aufmerksamkeit und Gedächtnisleistung zu koppeln und so den Lernfortschritt enorm zu beschleunigen.

Sprachen lernen wir nicht nur über Wissen

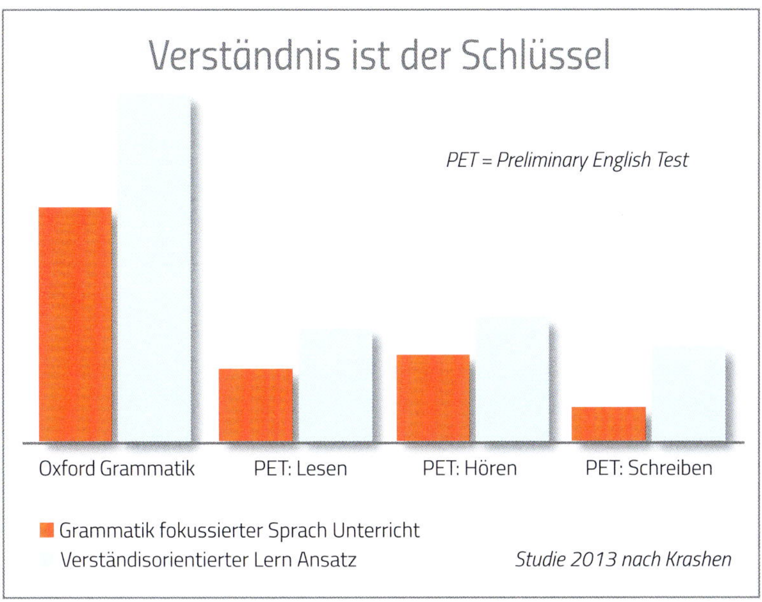

„Der Spracherwerb erfordert keine umfangreichen grammatikalischen Regeln und keine langwierige Übung."

„Der Erwerb erfordert eine sinnvolle Interaktion in der Zielsprache – der natürlichen Kommunikation – bei der es den Sprechern nicht um die Form ihrer Äußerungen geht, sondern um die Botschaften, die sie vermitteln und verstehen."

„Die besten Methoden sind daher diejenigen, die in Situationen mit geringer Angst verständlichen Input liefern und Botschaften enthalten, die die Schülerinnen und Schüler wirklich hören wollen."

Stephen Krashen

Wenn wir zu Beginn des Trainings auch noch sehr genau auf die Inhalte unseres Sprachbades achten, wird es noch einfacher. Wenn wir uns auf den Kern der Sprache konzentrieren, werden wir mit sehr wenigen Wörtern eine hohe Sprachkompetenz erzielen. In der untenstehenden Grafik sehen Sie, wie viele Wörter der englischen Sprache Sie für welches Sprachverständnis benötigen.

Die Häufigkeit von Wörtern im Alltag

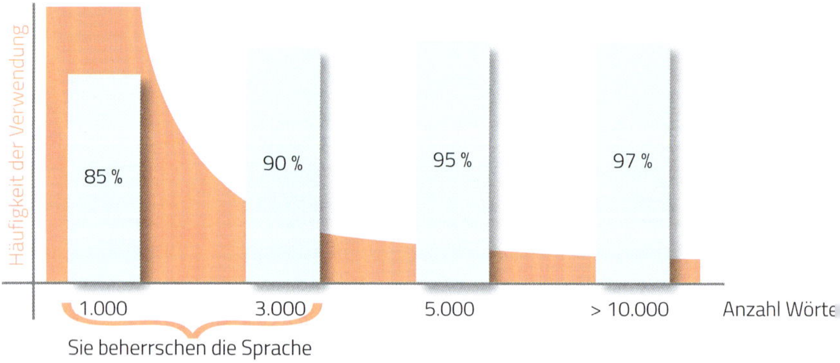

Mit 1.000 Wörtern stehen Sie durchschnittlich bei 85 % Sprachverständnis, mit 3.000 Wörtern kommen Sie schon auf 90 % Verständnis. In Deutsch, Spanisch, Italienisch oder Französisch ist das Verhältnis übrigens sehr vergleichbar. Mit den ersten 1.000 Wörtern sind Sie bereits im Level A2 angekommen. Je mehr Wörter Sie erlernen, desto ausdrucksstärker werden Sie bei der Nutzung der Sprache. Doch für den ersten Einstieg ist es sehr sinnvoll und zeitsparend, den Fokus auf die wichtigsten und am häufigsten vorkommenden Wörter zu legen. Mit meinen Einsteiger Sprachkursen bekommen Sie eine sogenannte Pareto-Liste*.

Sprache ist ein sehr kreativer Prozess. Schon mit sehr wenigen Wörtern können Sie beginnen, eigene Kombinationen zu kreieren. Fangen Sie direkt an, bekannte Wörter und Sätze miteinander zu mischen. Es folgt ein einfaches Rechenbeispiel.

Sprache ist kreativ

Sie beherrschen:

Zeit-/Tätigkeitswörter	10 Verben	sein, haben, wollen, ...
Hauptwörter	x 10 Substantive	Haus, Hunger, Geld, ...
Eigenschafts-/Wie-Wörter	x 10 Adjektive	groß, gelb, schnell, ...

= 1.000 Redewendungen

„Ich habe Hunger. Ich will schnell fahren. Ich bin groß. Das Haus ist gelb. Ich habe viel Geld." In meinen Sprachkursen ist jede Lektion beispielhaft mit 20 Trainingssätzen ausgestattet. So können Sie Ihrer Kreativität sofort freien Lauf lassen.

* Das Paretoprinzip wurde benannt nach Vilfredo Pareto (1848–1923). Es wird auch als Pareto-Effekt oder 80-zu-20-Regel bezeichnet. Das Prinzip besagt, dass 80 % der Ergebnisse mit 20 % des Gesamtaufwandes erreicht werden. Die verbleibenden 20 % der Ergebnisse benötigen mit 80 % die meiste Arbeit.

Wenn wir also in der Sprache baden und die Audiocodes mit bestehenden Pfaden verbinden, können wir SOFORT und unmittelbar mit dem Sprechen beginnen. Und das sollten wir auch, denn neben dem kognitiven* Prozess, also der mentalen und verstandesorientierten Verarbeitung der Information, kommt jetzt noch ein rein körperlicher Aspekt ins Spiel.

Muskeln sind die Basis für unsere Sprache

Wir haben alleine im Gesichtsbereich 48 Muskeln, die mehr oder weniger direkt mit dem Kommunikationsprozess und unserem Sprachausdruck verbunden sind. Und natürlich werden noch wesentlich mehr Muskeln benötigt, um eine Luftkompression zu erschaffen, die von unserem Gegenüber als „Sprache" erkannt werden kann. Am Anfang der Lautproduktion steht ein Strom von Luft, der über die Lungen und Luftröhre in den Kehlkopf gedrückt wird. Hier wird Tonhöhe und Stimmqualität (Flüstern, lautes Sprechen etc.) bestimmt. Im Vokaltrakt bestimmt die Stellung der Zunge, der Gaumen, der Kiefer usw. die Beschaffenheit des Tones. Die Stimmlippen werden durch den Luftstrom in Bewegung gesetzt und beginnen mit einer Grundfrequenz zu schwingen**.

Falls Sie sich jetzt fragen, warum Sie all das wissen müssen, dürfen Sie sich entspannen. Sie müssen es nicht wissen. Ich möchte Ihnen nur verdeutlichen, dass wir eine neue Sprache tatsächlich auch muskulär trainieren müssen. Wie fühlt sich Ihr Körper an, wenn Sie mit einer neuen Sportart

* Kognition ist die mit einem verhaltenssteuernden System ausgeführte Umgestaltung von Informationen. Die Bezeichnung ist abgleitet von lateinisch cognoscere ‚erkennen', ‚erfahren', oder ‚kennenlernen'. Kognition ist ein uneinheitlich verwendeter Begriff, mit dem auf die Informationsverarbeitung von Menschen und anderen Systemen Bezug genommen wird. Oft ist mit „Kognition" das Denken in einem umfassenden Sinne gemeint.

** Die Grundfrequenz eines Menschen kann in ermittelt und zu Förderung der Lernfähigkeit genutzt werden. Weitere Infos hierzu finden Sie am Ende des Buches (Bonus 2).

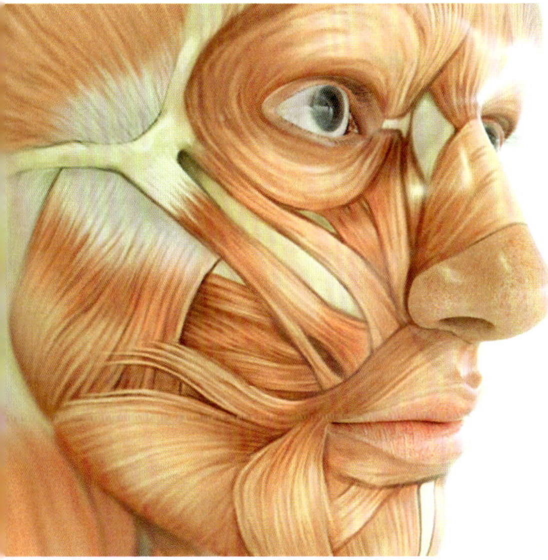

beginnen? Genau, er schmerzt, er fühlt sich komisch an, die Gefühle sind neu und andersartig. Wenn wir eine neue Sprache lernen, erleben wir oft einen „Muskelkater" im Gesicht. Denn tatsächlich gewöhnt sich auch die Muskulatur erst Schritt für Schritt an die neuen Frequenzbänder.

Muskelkater im Gesicht

Und damit kommen wir schon zu einem weiteren, sehr entscheidenden Punkt: unserem psycho-physiologischen Zustand. Unsere Psyche wirkt direkt auf unseren Körper und hier entscheidet sich, wie aufnahmefähig wir sind. Dieses Thema erörtern wir in den Kapiteln 9 und 10.

Doch nun wenden wir uns noch Ihrer persönlichen Zielsetzung zu. Denn die Frage ist ja, was genau erwarten Sie von Ihrem Sprachtraining? Was möchten Sie mit Ihren Fähigkeiten erreichen? Und was genau müssen Sie für welches Level investieren? Entscheidende Fragen, die Sie am besten vor dem Start Ihres Trainings beantworten. Denn dann können Sie Ihre Strategie sehr genau auf Ihr Wunsch-Level ausrichten.

Herr Dr. Dahlke, Sie sind als Redner und Seminarleiter international unterwegs. Können Sie uns aus dieser Perspektive erläutern, warum Mehrsprachigkeit heute ein Karrierekriterium ist?

Unsere Welt ändert sich rasch, und die Veränderungen gehen mehrheitlich von den USA aus, ob wir das mögen oder nicht. Insofern ist jemand heute ohne Englisch, egal wo er sich befindet, ziemlich isoliert. Andererseits verbindet Englisch im internationalen Bereich verblüffend. Diese Chance würde ich heute nicht auslassen wollen.

Sie veranstalten Bildungsreisen, z. B. nach Italien. Sie halten Webinare auf Englisch. Wie sind Ihre Erfahrungen hier in Bezug auf Sprachfähigkeiten?

Meine Webinare auf Englisch haben mir viel Spaß gemacht. Es ist heute einfach eine große Chance, wo immer ich gerade bin, mit einer Gruppe von Menschen in Kalifornien, Kanada, Dubai oder Singapur zugleich verbunden zu sein, ihnen drei Stunden pro Woche als Seminarleiter zur Verfügung zu stehen über Monate und so eine Ausbildung leiten zu können, die vor wenigen Jahren noch unmöglich oder nur mit erheblichem Reise- und entsprechendem Kostenaufwand verbunden gewesen wäre. Das liegt natürlich an den neuen IT-Möglichkeiten, es liegt aber auch an Verbindung durch die englische Sprache.

Ähnlich erlebe ich es in Italien, wo ich in unseren deutsch-italienischen Seminaren zwar übersetzt werde, es aber überaus hilfreich ist, Fragen direkt zu verstehen und zu beantworten oder Übungen auch mal in Italienisch ansagen zu können. Es verbindet in einer Weise, die Übersetzung nie erreichen kann.

Insofern bin ich sehr glücklich, dass ich in Englisch mit dem neoos® ganz nebenbei und ohne jeden zeitlichen Zusatzaufwand, meine Sprachfähigkeit wieder auf den Stand meiner Studienzeit gebracht habe, während der ich auch eine kurze Zeit in einem US-College verbrachte.

Italienisch habe ich überhaupt nur über diesen Weg doch immerhin so weit gebracht, dass ich mitreden und vor allem verstehen kann. Dafür bin ich sehr dankbar, denn ich hätte gar nicht die Zeit gehabt, beides in der althergebrachten Weise zu lernen beziehungsweise aufzupolieren.

Sie haben mit dem neoos® Ihre Fähigkeiten in Italienisch und Englisch auf Vordermann gebracht. Bitte berichten Sie uns doch kurz, wie das abgelaufen ist.

Das war und ist sehr einfach. Ich habe lediglich auf langen Autofahrten und beim Sitzen und Schreiben den neoos® an der Wade gehabt, was mich weder stört noch einschränkt, sondern im Gegenteil ein gutes Gefühl vermittelt. Die Ergebnisse waren auch von anderen deutlich erlebbar und freuten mich natürlich.

Welche weitere Sprache würden Sie gerne beherrschen, und warum?

Indonesisch, da ich die Winter in den letzten Jahren immer auf Bali verbracht habe und ich mich dort mit Sprachkenntnissen noch besser fühlen würde.

Was glauben Sie, wie die Welt unserer Kinder in 50 Jahren aussehen wird? Welche Rolle wird Sprache in dieser Welt spielen?

Das kann ich natürlich nicht sagen. Wer hätte schon die letzten 50 Jahre voraussehen können. Aber was die Sprachen angeht, könnte ich mir vorstellen, dass Englisch bis dahin die nicht nur einzige Weltsprache ist, das ist es ja heute schon, sondern immer mehr andere Sprachen auch zur Bedeutungslosigkeit verdammt. Das fände ich extrem schade, da ich die Vielfalt der Sprachen sehr schätze und es bereichernd empfinde in einen anderen Kultur- und damit meist auch Sprachraum einzutauchen. Da haben, was Kultur angeht, andere Sprachräume ungleich mehr zu bieten als der Amerikanische.

Was möchten Sie dem Leser noch mit auf den Weg geben?

Wenig macht so glücklich wie Lernen, hat die moderne Glücksforschung herausgefunden. Es bringt uns in den Flow-Bereich nach Mihaly Csikszentmihalyi. Der Osten weiß, wann immer man wo immer Meisterschaft erreicht, ist es wichtig, woanders wieder Schülerbewusstsein zu entwickeln, um glücklich zu sein.

Mehr braucht es eigentlich nicht, um sich auf lebenslanges Lernen einzustellen. Und Sprachen sind da eine besonders schöne Möglichkeit, da sie noch Völkerverständigung und damit die Möglichkeit zu Frieden mit ins Spiel des Lebens bringen.

Weitere Informationen zur Dr. Ruediger Dahlke und seiner Arbeit finden Sie unter www.dahlke.at, Informationen zu seinem ganzheitlichen Seminarzentrum finden Sie unter www.taman-ga.at.

Kapitel 4 – Wo stehen Sie und wo wollen Sie hin?

Wenn Sie eine neue Sprache lernen möchten, ist Ihr erster Schritt die korrekte Standortbestimmung. Vergleichen Sie es mit einem Navigationssystem. Wenn Sie nicht wissen, wo Sie aktuell stehen, ist die Routenplanung unmöglich. Ein weiterer, wichtiger Punkt – Aus Ihrem Standort und dem gewünschten Ziel leitet sich automatisch Ihre „Reisezeit" ab. Sie wissen, wie viel Zeit Sie in Ihre neue Sprache investieren.

Ich werde immer wieder mit der Frage konfrontiert, was es denn genau bedeutet, eine Sprache fließend zu sprechen.

Die Meinungen dazu sind sehr unterschiedlich. Manche behaupten, man müsse 20.000 Wörter kennen. Andere dagegen nennen Zahlen wie 500 oder 600. Die meisten Aussagen hierzu sind sehr schwammig formuliert. Oft wird das für Touristen definierte Niveau bereits als fließende Sprachbeherrschung gesehen, häufig aber auch das Niveau eines Muttersprachlers gefordert.

Ab wann sprechen wir ‚fließend'?

In einem Blog übers Sprachenlernen habe ich zu diesem Thema gelesen, dass ich dann fließend spreche, wenn ich folgende Punkte erfülle:

- Ich muss an einer Diskussion über komplexe oder philosophische Themen teilnehmen können.
- Ich darf niemals wirklich relevante Kommunikationsfehler produzieren.
- Ich muss ein komplexes Vokabular und fortgeschrittene Redewendungen verwenden. Mein Sprachschatz umfasst ca. 20.000 Wörter.
- Ich muss sprechen können, ohne dabei ins Stocken zu geraten.
- Ich muss an allen Diskussionen teilnehmen können wie ein typischer Muttersprachler.

Beim Lesen dieser Anforderungen ist mir schlagartig klargeworden, dass ich wohl nicht einmal meine Muttersprache Deutsch fließend beherrsche. Wenn Sie zum Beispiel fußballbegeistert sind und mit mir in eine Diskussion einsteigen, haben Sie mich in Nullkommanichts abgehängt. Egal in welcher Sprache! Wenn Sie meine drei Damen – meine Frau und meine beiden Töchter – nach meiner sprachlichen (und fachlichen) Kompetenz im Bereich Mode befragen, werden Sie vermutlich die Gegenfrage „Welche Kompetenz?" hören. Meine Töchter zeigen mir hier regelmäßig meine sehr engen

Grenzen auf und in den meisten Fällen endet das Ganze mit der Aussage, dass ich ihnen peinlich bin. Und das bin ich beim Thema Mode oder Fußball wohl in Deutsch genauso wie in Englisch oder Spanisch.

Ich habe mir einmal über den Zeitraum von drei Tagen den Spaß gegönnt, meine Alltagskommunikation auszuwerten. Ich habe dazu meine Gespräche mit meinem Smartphone aufgezeichnet, abgehört und ausgewertet (ausgewertet habe ich natürlich nur das von mir Gesagte). Es handelte sich hauptsächlich um Kommunikation im beruflichen Umfeld, aber auch um familiäre Situationen. Für die Analyse habe ich die von mir verwendeten Wörter addiert und die Dopplungen so akribisch wie möglich entfernt. Das Ergebnis war ein wirklich erstaunliches: Ich habe tatsächlich nicht einmal 1.500 Wörter verwendet – darunter mehrere Dutzend Wörter, die sehr fachspezifisch auf meine Arbeit rund um KOSYS bezogen sind.

TUN ist Umsetzung

Natürlich ist die Zahl 1.500 nicht verallgemeinerbar. Andere werden mehr Wörter verwenden. Oder weniger. Ich möchte an dieser Stelle auf ein System zu sprechen kommen, das international anerkannt und wissenschaftlich fundiert ist. Es ist teilweise schwer zu verstehen, gerade für jemanden, der in das Thema Fremdsprachen einsteigt. Aus diesem Grund stelle ich es vereinfacht dar und gebe in den Fußnoten einige Hinweise für vertiefende Informationen.

Das CEFRL-System

Das System passt in dieses Kapitel, weil es sich dabei um einen etablierten Sprachbewertungs-Maßstab handelt. Ob Sie nun ein Zertifikat nach einem solchen Maßstab anstreben oder nicht, es ist einfach sinnvoll, dieses Bewertungssystem zu kennen.

In Europa wird das Leistungsniveau in Sachen Sprachen in der Regel nach diesem Maßstab geprüft. Insbesondere Mitarbeiter eines größeren Unternehmens sollten ihre Sprachkenntnisse einem CEFRL-Level zuordnen, da viele Arbeitgeber darauf achten. Sie vergrößern Ihre Karriere- und Entwicklungschancen, wenn Sie sich hier klar einordnen können.

Institute wie die Alliance Francaise, das Instituto Cervantes oder bei uns in Deutschland das Goethe-Institut nutzen das CEFRL, um Sprachkompetenz vergleichbar zu beurteilen. CEFRL steht für „Common European Framework of Reference for Languages". Dieser Referenzrahmen wird in ganz Europa akzeptiert und mittlerweile auch für asiatische Sprachen genutzt, auch wenn er in Asien nicht offiziell anerkannt ist.

CEFRL – der europäische Rahmen für Sprachkompetenz

In der Terminologie bedeutet grundsätzlich A Anfänger, B Mittelstufe und C Fortgeschrittene. Jedes Niveau ist unterteilt in zwei Stufen: zum Beispiel Stufe A1 für geringe Anfängerkenntnisse, Stufe A2 für fortgeschrittenere Anfängerkenntnisse.

In der Grafik auf der rechten Seite sehen Sie die einzelnen Stufen. Auf dieser Skala ist A das, was ich als typisches Urlaubs-Niveau bezeichne. Es reicht, um Essen zu bestellen, den Weg zum Flughafen zu erfragen und eine oberflächliche Konversation zu starten. In der Grafik habe ich diese beiden Stufen mit „elementarer Sprachgebrauch" bezeichnet.

Stufe B bedeutet einen „selbstständigen Sprachgebrauch". Wer sie erreicht hat, kann einfache Gespräche über alltägliche Dinge führen. Er versteht knapp 80 Prozent von geschriebenen Texten. Bei Filmen erkennt er zumindest klar den Zusammenhang und erreicht 60 bis 80 Prozent Verständnis.

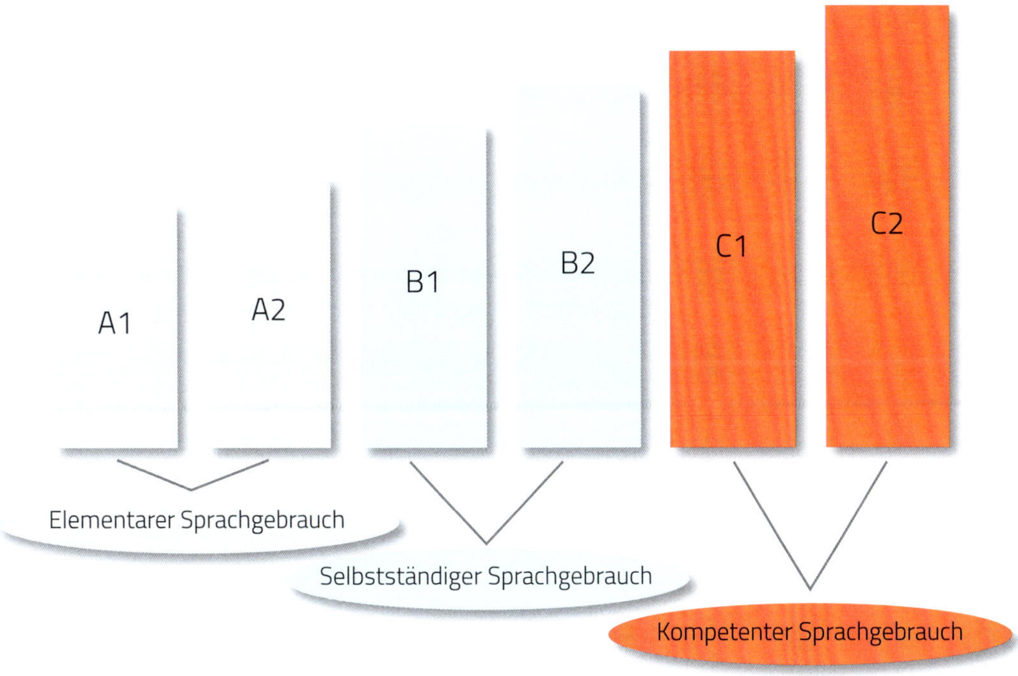

Stufe C steht für eine sehr gute Beherrschung. Bin ich auf diesem Level, kann ich mit der fremden Sprache annähernd so gut arbeiten wie mit meiner Muttersprache, auch wenn ich vielleicht noch einen deutlichen Akzent habe. „Kompetenter Sprachgebrauch" heißt ganz einfach, dass ich mit einem Muttersprachler ohne große Blockaden und langes Überlegen kommunizieren kann. Fließende Sprachbeherrschung beginnt nach meiner persönlichen Wahrnehmung allerdings bereits auf Level B2. Nach der detaillierten CEFRL-Definition wird jemand auf Level B2 folgendermaßen beschrieben:

Vokabel pauken versus gehirngerecht lernen

„Diese Person kann so fließend und spontan interagieren, dass eine normale Interaktion mit einem Muttersprachler möglich ist, ohne dass einer von beiden unter Druck ist."

Ich habe diese sechs Stufen für die konkrete Empfehlung meiner Sprachkurse bei KOSYS etwas detaillierter beschrieben. Die Stufen sind identisch zum CEFRL-Rahmen, und die Beschreibung soll Ihnen die Möglichkeit bieten, sich innerhalb weniger Minuten selbst einzuschätzen. Sie können sich ein ungefähres Bild davon machen, wo Sie stehen. Die Selbsteinschätzung ist zwar nicht so detailliert wie ein Sprachtest am Goethe-Institut oder bei TELC. Dafür kostet er Sie kein Geld und nur sehr wenig Zeit. Es geht um eine erste und sehr schnelle Selbsteinschätzung.

Die 7 Stufen der Selbsteinschätzung im KOSYS System:

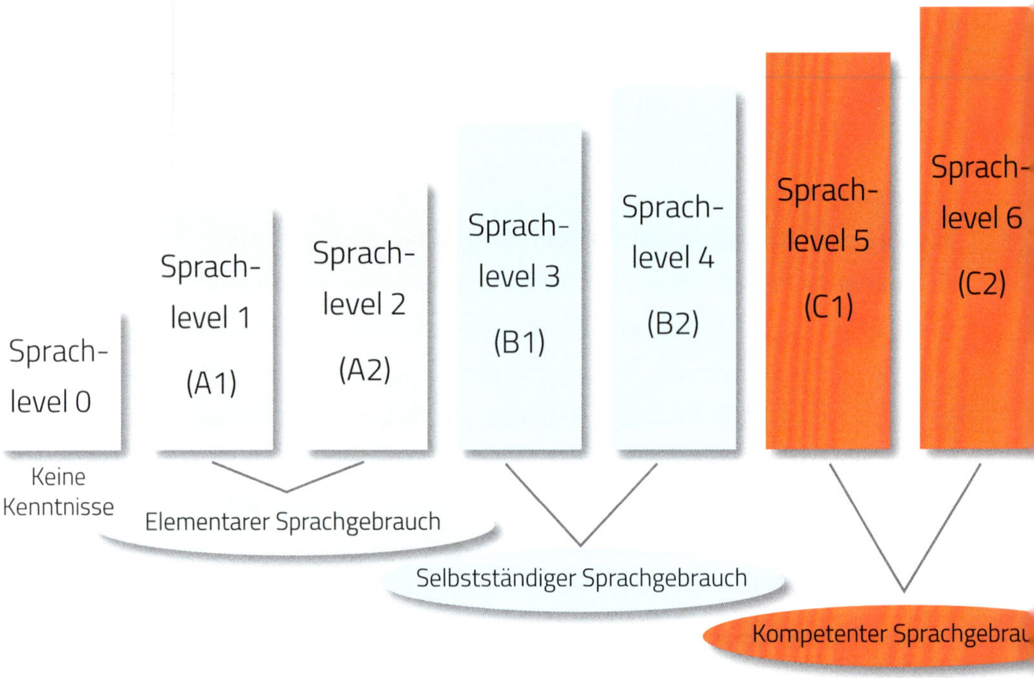

Sprachlevel 0

Keinerlei Kenntnisse — Sie können die Sprache schlicht und ergreifend NICHT. Nicht einmal die grundsätzlichsten Begrüßungen sind Ihnen vertraut.

Ihre Sprachkurswahl bei KOSYS: Einsteiger

Sprachlevel 1 (A1)

Nicht wirklich gut – Sie beherrschen grundlegende, alltägliche Ausdrücke. Sie können ganz einfache Sätze verstehen und verwenden, sich und andere vorstellen und ihrem Gegenüber erste Fragen zum Kennenlernen stellen, sowie diese selbst beantworten. Bei rücksichtsvollen Gesprächspartner/innen, die auf eine langsame und deutliche Aussprache achten, sind Sie bereits in der Lage, sich auf einfachste Art zu verständigen.

Ihre Sprachkurswahl bei KOSYS: Einsteiger

Sprachlevel 2 (A2)

Sie können auf simple Weise Ihre eigene Herkunft, Ausbildung, die direkte Umgebung und Ihre momentanen Bedürfnisse beschreiben. Außerdem wissen Sie, wie Sie sich in routinemäßigen Situationen, in denen es um einen einfachen und direkten Austausch von Informationen über vertraute und geläufige Dinge geht, verständigen (z.B. Informationen zur Person und zur Familie, Einkaufen, Arbeit und die nähere Umgebung).

Ihre Sprachkurswahl bei KOSYS: Einsteiger

Sprachlevel 3 (B1)

Sie haben ein durchschnittliches Niveau in dieser Sprache erreicht. Sie können sich in dieser Sprache unterhalten und Ereignisse, Träume wie auch

Ansichten/Erklärungen vermitteln. Im Urlaub ist die Verständigung problemlos. Im beruflichen Bereich kommen Sie in Telefongesprächen, leichten Meetings und Einzel-Konversationen einigermaßen zurecht. Werbetexte u.ä. werden verstanden — Filmkonversationen, Präsentationen oder Verhandlungen gestalten sich allerdings noch schwierig.

Ihre Sprachkurswahl bei KOSYS: Fortgeschritten

Sprachlevel 4 (B2)

Die unbewusste Anwendung der Sprache ist bereits sehr gut ausgeprägt. Sie denken bereits zu mehr als 50 Prozent in der Sprache, während Sie sprechen (es laufen nur noch wenige innere Übersetzungen). Sie können sich auch beruflich und geschäftlich in der Sprache unterhalten. Sie sind in der Lage, ohne viel Anstrengung Bücher in dieser Sprache zu lesen. Sie verstehen 80 Prozent von Filmen in dieser Sprache. Sie sind in der Lage, anderen in dieser Sprache zu helfen. Ihr Vokabular liegt zwischen 1.000 und 3.000 Wörtern.

Ihre Sprachkurswahl bei KOSYS: Fortgeschritten, Konversationstraining (nur in Englisch verfügbar)

Sprachlevel 5 (C1)

Nichteinheimische würden wahrscheinlich nicht merken, dass dies nicht Ihre Muttersprache ist. Ihr Sprechen geschieht nun schon hauptsächlich ohne nachzudenken, also fließend. Sprechen kostet Sie weder Mühe noch Anstrengung, noch sind Sie irgendwie gehemmt. Neues dazuzulernen macht Ihnen Freude, Bücher und Filme sind kein Problem mehr. Sie sind bereits absolut verhandlungs- und geschäftssicher. Die Fremdsprache ist bereits ein normaler Teil Ihres Lebens.

Konversationstraining (nur in Englisch verfügbar)

Sprachlevel 6 (C2)

Die Sprache ist perfekt. Dies ist die normale Stufe eines Muttersprachlers – entweder, weil Sie intensiv geübt oder idealerweise bereits einige Zeit in dem Land gelebt haben. Allerlei Redewendungen, Doppeldeutungen, fortgeschrittene Grammatik, Slang sowie eine Vielzahl von Aussprachen und Dialekten sind Ihnen vertraut. Auch im Beruflichen verstehen Sie praktisch alles. Selbst fein definierte Unterschiede werden absolut sicher und detailliert formuliert. Sie drücken sich sehr flüssig und genau aus und sind selbst rhetorisch bestens bewaffnet.

Die Gretchenfrage: Wie lange wird es dauern?

Wie lange dauert, bis ich fließend spreche?

Jetzt stehen Sie natürlich vor der Frage, wie lange Sie brauchen, um Ihre Wunschsprache fließend zu beherrschen? Ich bin davon überzeugt (und ich habe es bei mittlerweile tausenden von Kunden selbst erlebt), dass es möglich ist, in jeder gewünschten Sprache innerhalb von zwei bis drei Monaten auf das Level A2+ aufzusteigen. Es gibt allerdings einige Dinge dabei zu berücksichtigen.

Punkt 1: Sie werden dieses Ergebnis nicht ohne Einsatz erreichen.

Sie müssen Zeit investieren, Ihren Plan einhalten. Und Sie sollten sich idealerweise bereits in die perfekte mentale Verfassung gebracht haben (Details hierzu finden Sie in Kapitel 8 und 9).

Punkt 2: Wenn es die erste Fremdsprache überhaupt ist, die Sie lernen, gehen Sie bitte eher von Level A2 aus, nicht von A2+.

Ich habe festgestellt, dass ich für meine erste Sprache – Englisch – länger als für die folgenden Sprachen benötigt habe, weil ich mich zunächst mit den Techniken auseinandersetzen musste. Sie haben es natürlich leichter, weil Sie in diesem Buch oder auch in den KOSYS-Sprachkursen alle diese Techniken vorbereitet finden, wenn Sie diese nutzen wollen. Trotzdem werden Sie anfänglich häufiger überlegen, was Sie jetzt genau aktiv machen, was passiv usw. Und diese Überlegungen kosten einfach Energie und Zeit. Ich vergleiche das gerne mit sportlichen Aktivitäten, denn auch dort hatte ich ein ähnliches Erlebnis. Als ich angefangen habe, mein Gewicht zu reduzieren, bin ich 45 bis 60 Minuten pro Tag gelaufen. Das fand ich sehr anstrengend, es hat mich viel Überwindung gekostet und ich brauchte ungefähr drei Monate, um eine Routine zu entwickeln. Als ich dann mit dem Fahrradfahren begann, hatte ich nach nur knapp vier Wochen eine Routine entwickelt. Es war zwar eine andere Bewegung, aber ich wusste schon sehr genau, was auf mich zukam und wie es sich anfühlen würde. Ebenso war es, als ich nach Englisch mit meinem Spanisch-Training begann. Die Routine war mir bereits klar.

Wenn Sie also die Stufe A2 oder A2+ in zwei bis drei Monaten anstreben, werden Sie auf dem Weg dorthin eine Menge Erfolgserlebnisse genießen. Und Sie werden auch feststellen, welche Ihre bevorzugten Methoden sind.

Lesen Sie lieber einfache Bücher oder arbeiten Sie lieber mit Videos? Lösen Sie gerne Kreuzworträtsel in der neuen Sprache? Meine Frau Simone liebt das, ich kann das schon in meiner Muttersprache Deutsch nicht leiden.

Und ganz unabhängig von den Methoden wird das Projekt Ihre absolute Konzentration verlangen. Wenn Sie es wirklich ernst meinen, werden Sie die nötige Zeit aufbringen. Eine Sprache wird letztendlich in Stunden gelernt, nicht in Monaten oder Jahren. Es geht nicht um die Zeit, die vom Start Ihres Projektes an zu laufen beginnt, es geht ausschließlich um die Zeit, die Sie voll konzentriert Ihrem Projekt – dem Lernen der Sprache – widmen.

Ich möchte das gerne an den von mir entwickelten Einsteiger-Sprachtraining verdeutlichen, welches Sie über mein Unternehmen KOSYS beziehen können. Dabei spielt eine Formel eine große Rolle:

60 plus 30

60 Tage lang nehmen Sie die Sprache täglich acht bis zehn Stunden unbewusst auf, 30 Stunden lang beschäftigen Sie sich bewusst mit der Sprache. So schaffen Sie es innerhalb von acht Wochen vom Null-Level auf A1 bis A2. Manch einer unserer Kunden erreicht sogar Level A2+. Das erzielte Ergebnis hängt natürlich von Ihrer intrinsischen Motivation und Ihrer individuellen Lerngeschwindigkeit ab.

60 plus 30 die Regel für Ihren Erfolg

30 Stunden in acht Wochen klingt wenig – und das ist es in der Tat auch. Wenn Sie sich für das Projekt „Sprache" entschieden haben, sind 3 x 10 Minuten pro Tag wirklich kein großer Akt. Vor allem dann nicht, wenn Sie sich den WERT einer Sprache verdeutlichen. Ist die Entscheidung für das Projekt dagegen nicht gefallen, sind Sie nach dem Motto „ja, ich wollte ja schon immer mal ein bisschen Spanisch sprechen" unterwegs. Dann werden die

30 Stunden vermutlich eine unüberwindbare Hürde darstellen. Wenn Sie sich nicht für das Projekt entschieden haben, wird die folgende Verbindung eben nicht entstehen:

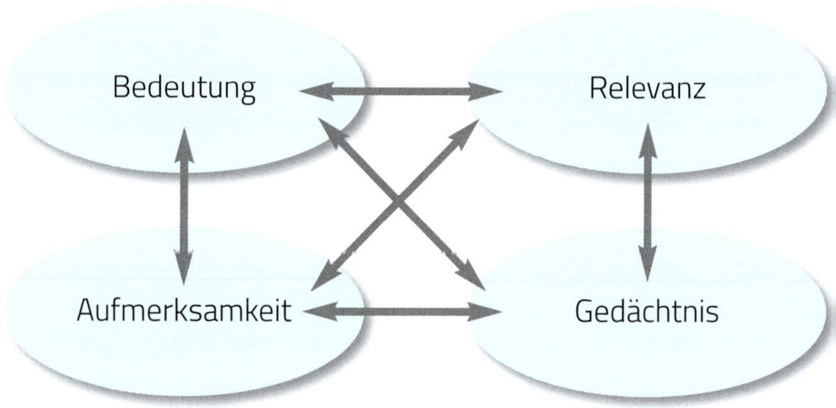

Verändern Sie Ihre Wahrnehmung

Die Entscheidung für die Sprache verändert Ihre Wahrnehmung. Schauen Sie sich das Bild mit den beiden grauen Kreisen an und überlegen Sie, ob der linke oder der rechte graue Kreis größer ist.

Sie ahnen es schon, die beiden Kreise sind gleich groß. Und doch wirkt einer der Kreise ungleich größer. Genau diesen Effekt erleben Sie mit (oder eben ohne) der Entscheidung. Ist Ihnen klar, was Sie wirklich, wirklich, wirklich wollen, teilen Sie die Lernschritte in kleine und übersichtliche Einheiten auf, werden Sie den gesamten Lerninhalt als „überschaubar" erleben. Entscheiden Sie sich nicht WIRKLICH für den Lerninhalt, nutzen Sie keine „Struktur", wird Ihnen der identische Lerninhalt größer und schwieriger erscheinen.

Falls Sie sich fragen, wie die 60 Tage Sprachbad funktionieren, dann blättern Sie bitte zu Kapitel 5. Dort finden Sie alle Infos zur Immersion, auch alles über den Einsatz des neoos®.

Haben Sie die Entscheidung für „Ihre" neue Sprache getroffen? Dann sind 30 Minuten pro Tag wirklich kein Thema. Übrigens: Entscheiden Sie sich für das Training mit weniger effizienten Techniken, können Sie das Ziel auch nach sechs bis acht Monaten erreichen. Sie setzen dann einfach eine Stunde täglich für aktives Training ein (etwa 180 bis 240 Stunden) statt der 70 bis 80 Stunden im KOSYS-Training, da Sie kein passives Hören genießen.

Warum beharre ich so sehr auf den acht bis zwölf Wochen für eine Sprache? Weil ich festgestellt habe, dass diese Zeitspanne sehr realistisch ist, um ein gestecktes Ziel im Bereich A2/A2+ zu erreichen. Zum anderen ist sie überschaubar. Wir haben hunderte Kunden, die mir von ihren früheren Versuchen in puncto Sprachenlernen berichtet haben. Fast ausnahmslos war eines der größten Probleme die Streckung der Lernphase auf zwei, drei oder vier Jahre. In den Abendschulen und auch in den meisten Business-Trainings der unteren Level wird ein Lernzeitraum von zwei bis drei Jahren angesetzt.

Entscheiden Sie sich für zwei bis drei Monate

Meiner Erfahrung nach schafft es kaum jemand, seine Motivation über einen so langen Zeitraum aufrechtzuerhalten. Schon gar nicht dann, wenn in den ersten zwei bis drei Monaten so gut wie nichts passiert. Kein Erfolgserlebnis, ergo keine Motivation. Natürlich müssen Sie realistisch bleiben. Von heute auf morgen hat noch niemand eine Sprache erlernt, nicht einmal mit der besten Methode. Und es ist nötig zu differenzieren.

Werden Sie konkret – und starten Sie JETZT!

Was Sie in sehr kurzer Zeit erreichen können, ist das Verständnis des Aufbaus einer neuen Sprache. Das können Sie zum Beispiel schon innerhalb der ersten Tage im Schnell Start Kurs tatsächlich live erleben. Loggen Sie sich doch gleich ein und testen Sie es. Für die aktive Beherrschung brauchen Sie natürlich eine entsprechende Anzahl an Stunden fürs „Hören" und „Sprechen". Ganz wichtig ist die schon mehrfach erwähnte Konsequenz, die allein aus einer klaren Entscheidung resultiert. Wenn Sie sich selbst verdeutlichen, dass es sich um ein achtwöchiges Projekt handelt, um Konzentration und Fokussierung, dann wird das Konzept transparent. Es ist ein großer Unterschied, ob Sie mit einem so konkreten Ansatz an das Thema

herangehen oder mit der vagen Idee, innerhalb eines Jahres eine Sprache zu lernen und dann irgendwann flüssig zu sprechen. Jede Woche hat sieben Tage, aber „eines Tages" ist leider keiner davon.

Wer sich eine kurze Frist setzt, der arbeitet voraussichtlich effizienter. Das gilt vor allem dann, wenn andere Teilnehmer mit im Spiel sind. Ich nenne das immer das „Problem auf zwei Beinen". Sobald ich einen Mitlernenden im Boot habe, werde ich konkreter, konzentrierter und effektiver. Ich will ja schließlich gut dastehen, wenn ich ein Agreement eingegangen bin. Und natürlich macht gemeinsam lernen einfach mehr Spass, Wettbewerb belebt uns im Normalfall. Treffen Sie Vereinbarungen – und halten Sie diese dann natürlich auch ein. Und damit kommen wir schon zum nächsten Kapitel. Wie genau starten Sie durch, was sind die nächsten Schritte? Wenn Sie so strukturiert sind wie ich, warten Sie schon ganz ungeduldig auf die Antworten.

Geteilte Freude ist doppelte Freude

Kapitel 5 – Immersion: Ihr tägliches Bad in der neuen Sprache

Das tägliche Bad in der neuen Sprache ist das „Geheimnis" eines effizienten und nachhaltigen Sprachtrainings. In diesem Kapitel erfahren Sie, wie Sie das Sprachbad nicht nur effizient gestalten, sondern auch noch viel Spaß und Abwechslung genießen. Mit einem ausgeklügelten Immersionskonzept geben Sie 80 Prozent Ihres Lernaufwandes einfach ab – an Ihr Unterbewusstsein.

Ihr tägliches Sprachtraining ohne Zeitaufwand

Das Eintauchen in die Sprache ist das „Geheimnis" (auch wenn es gar kein Geheimnis ist). Wenn Sie täglich mehrere Stunden in Ihre Sprache eintauchen, werden Sie sich an die Sprache „gewöhnen". Gut ist: Sie müssen im ersten Schritt noch nicht einmal verstehen, was Sie da hören oder sehen.

Auf Seite 100 stelle ich Ihnen den neoos® vor. Eine Möglichkeit, mit der Sie täglich 8 bis 10 Stunden ganz einfach über die Haut hören können. Es kostet Sie nicht eine Minute Ihrer Lebenszeit, denn Sie können nebenbei arbeiten, telefonieren und Gespräche führen. Quasi eine Verdopplung Ihrer Lebenszeit. Was wie Magie klingt, ist wissenschaftlich fundiert (siehe Seite 109) und von mehreren zehntausend Kunden erfolgreich umgesetzt.

Doch vorab beschäftigen wir uns mit der Frage, warum Sie überhaupt so in die Sprache eintauchen sollten. Und auf welche Arten das möglich ist. Im Idealfall „hören" Sie Ihre neue Sprache also 6, 7 oder 8 Stunden und tauchen vollautomatisch ein. Zusätzlich lesen Sie Texte in Ihrer Zielsprache, schauen Videos und Filme usw., nehmen eben ein tägliches „Vollbad" in der neuen Sprache.

Hier die Erklärung des Wortes Immersion: Unter Immersion (lat. immersio ‚Eintauchen'; daher auch deutsch Sprachbad) versteht man in der Sprach-

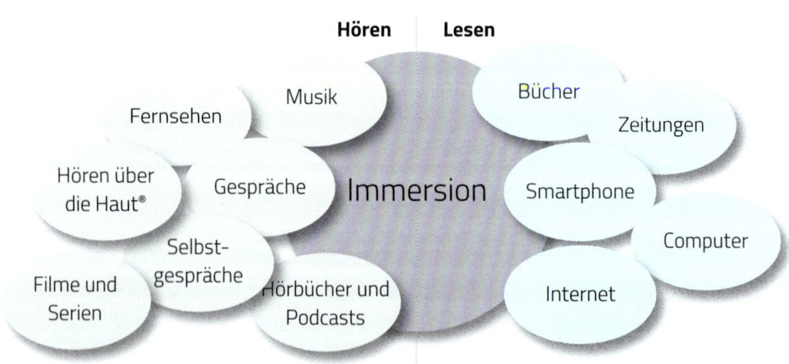

wissenschaft und der Pädagogik eine Situation, in der Personen, vor allem Kinder, in ein fremdsprachiges Umfeld versetzt werden, in dem sie – beiläufig oder gewünschtermaßen – die fremde Sprache erwerben.

Was ist die Idee der Immersion? Ganz einfach: Wir nehmen die unbewusste Ebene in den Lernprozess auf. Es gibt eine schöne Darstellung, um die Verarbeitungsgeschwindigkeit von Bewusstsein einerseits und Unterbewusstsein andererseits zu vergleichen.

Wenn wir rein bewusst lernen über Regelwerke, Vokabellisten usw., nehmen wir die Lerninhalte über die engste Schnittstelle auf. Wenn wir dagegen per Immersion dauerhaft in der Sprache baden, laden wir die Informationen bereits vorher auf die unbewusste Ebene. Es geht hier nicht darum, etwas zu verstehen oder bewusst zu verknüpfen. Es geht einfach nur darum, die Inhalte immer und immer und immer wieder aufzunehmen.

Sobald die Inhalte dann „bewusst" bearbeitet werden, müssen Sie nicht mehr mühsam von „oben nach unten" durchgereicht werden, Sie holen die Inhalte einfach von der unbewussten Ebene nach oben auf die bewusste Ebene. Das geht sehr viel schneller und die wirklich geniale Erfahrung dabei: Sie „lernen" bewusst etwas völlig Neues und es kommt Ihnen trotzdem schon bekannt vor. Das verblüfft unsere Kunden am meisten.

Konnte ich Ihr Interesse wecken? Ich gehe davon aus und möchte Sie mitnehmen auf eine kleine Zeitreise. Im Jahre 921 n. Chr. reiste Ahmad Ibn Fadlan im Auftrag des Kalifen von Bagdad an die Wolga. Dort trafen seine Begleiter und er auf eine Horde Wikinger. Zunächst konnten der Anführer der Nordmänner und der arabische Gesandte nicht miteinander kommunizieren, da keiner die Sprache des anderen beherrschte. Doch nach mehreren gemeinsamen Nächten am Lagerfeuer, das scheinbar eine magische Wirkung auf Ibn Fadlan hatte, verstand dieser plötzlich, was die Wikinger zu ihm sagten – und konnte ihnen schlagfertig und fehlerfrei antworten. So ges(ch)ehen im Film „Der 13. Krieger" aus der Feder von Michael Crichton mit Antonio Banderas in der Rolle des Botschafters und Kriegers aus dem Orient.

Die Botschaft dieser Filmszene: Wir können nur das sprechen, was wir vorher gehört haben. Ganz pragmatisch auf unsere Zeit bezogen, lässt sich das bei jedem lernenden Kleinkind beobachten. Es hört die ersten Monate seines Lebens, dann beginnt es einzelne Wörter zu brabbeln, irgendwann wird daraus verständliches Sprechen einzelner Wörter. Noch einen Schritt weiter startet es dann mit kurzen Sätzen.

Was haben Antonio Banderas in „Der 13. Krieger“ und das neugeborene Kind gemeinsam? Sie haben eine absolut klare Absicht. Sie WOLLEN die Sprache VERSTEHEN und dann SPRECHEN (mehr dazu in den Kapiteln 9 und 10). Wenn wir also den „natürlichen“ Lernvorgang eines Kleinkindes mit dem vergleichen, was heute als Sprachtraining in Schulen und in der Erwachsenen-Bildung angeboten wird, wird sehr schnell klar, worin die Crux des klassischen Sprachenlernens liegt. Und es wird auch klar, warum dieses meistens nicht funktioniert. Wer heute einen „normalen“ Sprachunterricht besucht, wird sofort mit Grammatikregeln und Vokabelpauken konfrontiert. Dabei könnte es so einfach sein. Denn wenn ich jemanden frage, was er sich als Ergebnis von einem Sprachunterricht erwartet, ist die Antwort immer die gleiche. Es geht darum, die neue Sprache zu verstehen und selbst zu sprechen.

Links sehen Sie die Nachfrage, das, was ein Lernender sich in der Regel wünscht. Rechts sehen Sie das vorherrschende Angebot. Wir werden mit dem gesamten Rest – Grammatik, Vokabeln lernen usw. – konfrontiert, den wir gar nicht möchten. Es wird über die Sprache geredet statt sie zu TUN. Hören und Verstehen werden stark vernachlässigt, flüssiges Sprechen ist oft erst nach Jahren möglich.

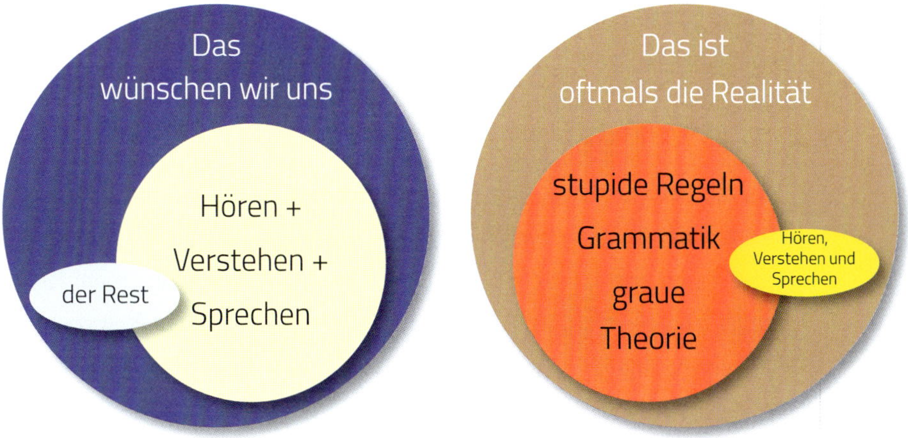

Was wir suchen, bekommen wir nicht. Dafür gibt es eine unüberschaubare Menge an Übungen, Regeln und Verwirrungen. Und was noch unglaublicher ist: Seit den 30er-Jahren belegen zahlreiche Studien immer und immer wieder, dass diese Art des Sprachtrainings eher eine Qual als eine Freude ist. Und wir alle wissen, dass Dinge, die uns quälen, das Erreichen eines Zieles verhindern, statt fördern.

Ich möchte an dieser Stelle eine Langzeitstudie von Alfie Kohn anführen. Er berichtete in „The Schools our Children deserve" darüber, dass Schüler während ihrer Highschool-Zeit (vier Jahre) und dem anschließenden Studium (vier Jahre) in ihrer Muttersprache Englisch weder im Unterricht noch bei den Hausaufgaben Grammatik-Übungen durchführten. Stattdessen wurde aktiv mit der Sprache gearbeitet. Es wurde zum Beispiel gelesen und Theater gespielt. Die Sprache wurde erfahren, statt theoretisch vermittelt. Die Schüler wurden vom College ohne Sprach-Eignungstest aufgenommen (da sie ja keine Grammatik „gelernt" hatten) und das Ergebnis war eindeutig. Ihre Noten und Fortschritte waren eins zu eins vergleichbar mit allen anderen Studenten.

Die Frage ist also, warum sich Lernende überhaupt noch das klassische Angebot gefallen lassen? Warum geben sie sich damit zufrieden? Meine Erkenntnis aus tausenden von Kundengesprächen sind so simpel wie erschreckend: Im Normalfall nimmt der Kunde einfach an, er selbst sei das Problem.

Daraus habe ich etwas abgeleitet, was ich geradezu unfassbar finde: In unserem Schulsystem drücken die Täter (Systemverantwortliche) den Opfern (Schüler/innen) die Schuld auf. Was meine ich damit? Als Unternehmer würde ich bei dermaßen schlechten Ergebnissen das Produkt untersuchen, also Lehrmaterial und Lernmethode. Stattdessen werden die „Kunden" (Schüler/innen) dafür verantwortlich gemacht (sie werden als demotiviert oder faul dargestellt). Jede Firma wäre pleite, wenn sie die Schuld für die schlechten Ergebnisse ihren Kunden zuschieben würde.

Sie können sich nicht vorstellen, wie viele Menschen mir in den letzten Jahren glaubhaft versichert haben, sie seien einfach untalentiert, eine neue Sprache zu lernen. Und wissen Sie was das „Beste" daran ist? Auch ich habe das behauptet. Wie Sie ja zu Beginn des Buches erfahren haben, war ich bis zum Alter von 26 Jahren sogar der festen Meinung, dass ich nicht einmal Englisch lernen könnte. Und dann habe ich genau diese Sichtweise verändert. Und ich habe eigene Lernstrategien entwickelt, mit denen ich schnellen Erfolg erzielen konnte.

Schauen wir uns die beiden Seiten jetzt etwas detaillierter an. Hören können Sie über sehr viele verschiedene Kanäle. Starten wir mit Musik.

Musik in der Zielsprache

Zum einen gibt es eine große Auswahl an Musikstücken. Und wenn Sie Musikstücke wählen, die Sie gerne hören, lässt sich ganz einfach eine hohe Wiederholungsrate erzielen. Ich hatte zu Beginn meines Spanischtrainings das Problem, dass ich keine große Auswahl an spanischen Musikstücken finden konnte (im Englischen ist das keine so große Herausforderung).

Lernen mit Musik

Doch Dank Internet ist das heute auch für Spanisch kein Problem mehr. Sie können ganz einfach nach den Landes-Charts suchen (in Spanisch finden Sie diese z. B. unter http://los40.com/lista40/*). Suchen Sie sich einige Lieder heraus, die Ihnen gefallen.

* Im Online Bereich zum Buch finden Sie viele Links und weitere Tipps zu passenden Trainingsinhalten in den Sprachen Englisch, Spanisch, Italienisch und Französisch.

Im Online-Bereich finden Sie neben weiteren Links zu Musiksammlungen auch eine detaillierte Anleitung, wie Sie mit Musikstücken sowohl in der Sprache baden als auch das Verstehen gezielt aufbauen können. Und wir haben auch in jeder Sprache ein Musikstück für Sie vorbereitet, so können Sie mit nur einem Klick sofort mit dem Sprachbad starten. Vorausgesetzt die Lieder gefallen Ihnen.

Filme und Serien in der Zielsprache

Ein Sprachbad über Filme und Serien ist ein weiterer, sehr empfehlenswerter Weg. Sie können hier bei den meisten DVDs und auch bei Online-Streaming-Diensten die Originalsprache und dazu passende Untertitel wählen. Ein wichtiger Hinweis: Wählen Sie bitte Filme und Serien in der Originalsprache, die Sie lernen. Denn: Wenn Sie „synchronisierte" Filme wählen, passt die Körpersprache (vor allem die Bewegung der Gesichtsmuskulatur) nicht zur Audiowiedergabe. Das führt auf der unbewussten Ebene zu einer „Verwirrung". Denn Sie kopieren nicht nur den gehörten Bereich der Sprache, Sie kopieren auch die „sichtbaren" Informationen.

Nehmen wir beispielsweise Englisch als Lernsprache. Als Anfänger empfehle ich Ihnen, den Film einmal in Ihrer Muttersprache zu betrachten. Damit erleben Sie den Inhalt und verstehen die Handlung. Dann schalten Sie auf ihre Zielsprache und schauen den Film mit den deutschen Untertiteln. Danach schauen Sie den Film nochmals mit englischen Untertiteln. Nehmen wir an, Sie haben den Englischkurs für Einsteiger bereits absolviert und möchten bis zum Start des Fortgeschrittenen-Kurses noch einen Monat Pause einlegen. Währenddessen werden Sie aber trotzdem weiter an Ihren Englischkenntnissen arbeiten und

wählen deshalb den Film „A Knight's Tale" zur Immersion. Dann kann die Nutzung zum Beispiel so aussehen (nachdem Sie den Film einmal in Deutsch gesehen haben):

Woche 1 und 2: Sie sehen den Film fünfmal auf Englisch mit deutschen Untertiteln

Woche 3 und 4: Sie sehen den Film fünfmal auf Englisch mit englischen Untertiteln

Woche 5: Sie sehen den Film auf Englisch ohne Untertitel

Währenddessen verwenden Sie die Audiospur zum Sprachbad über Ihren neoos®. Wenn Sie den Effekt noch deutlich verstärken möchten, De-Kodieren Sie den Inhalt der Audiospur selbst und sprechen die Dialoge (in Teilen) nach. Und keine Angst, Sie müssen das Material nicht selbst erstellen. Ich habe in den vier Sprachen Englisch, Italienisch, Spanisch und Französisch bereits Filme für Sie vorbereitet*.

Sprache lernen mit Filmen

Sie erhalten zusammen mit dem Originalfilm auf DVD bereits MP4-Videodateien (damit können Sie den Film komplett oder in Ausschnitten jederzeit unterwegs schauen), MP3-Audiodateien, eine vorbereitete Subliminal Spur** für Ihren neoos® und die insgesamt fast 9.000 Wörter des Films zum De-Kodieren in einer Word Datei.

Wenn Sie die Möglichkeit haben, „echten" Gesprächen beizuwohnen, ist das natürlich ebenfalls eine sehr gute Methode für ein Sprachbad. Wenn sich diese Möglichkeit nicht bietet, führen Sie Selbstgespräche. Ich gehe bei Selbstgesprächen zum Beispiel folgendermaßen vor. Ich führe ein Telefonat oder ein Gespräch und spreche Auszüge daraus dann in meiner aktuellen

* Sie finden das komplette Angebot in dem Online-Shop meines Unternehmens KOSYS unter http://shop.kosys.de.

** Auf Seite 104 werden der Aufbau und Nutzen einer Subliminal Spur für neoos® erklärt.

Trainingssprache für mich selbst nach. Stoße ich auf fehlende Wörter, gebe ich diese über dict.cc oder deepl.com ein. Und wenn ich mich in einen Satz vertiefe, schreibe ich diesen z. B. in meine persönlichen Lernunterlagen.

Das Sprachbad durch Lesen

Eine weitere Basis des Sprachbades ist Lesen. Stellen Sie zum Beispiel die Sprache Ihres Smartphones auf Ihre neue Zielsprache ein. Nachdem Ihnen die meisten Funktionen des Smartphones klar sind, erhalten Sie einen schnellen Überblick über die Bezeichnungen in der neuen Sprache. Abonnieren Sie Newsletter in der Zielsprache und fangen Sie an, Bücher zu lesen. Einem absoluten Anfänger empfehle ich Kinderbücher, kurz darauf steigen Sie auf einfache Bücher für Erwachsene um. Was sich für mich auch sehr bewährt hat: Nutzen Sie Bücher aus Ihrem Fachgebiet. Ich habe einige Bücher, die ich in Deutsch bereits mehr als einmal gelesen habe. Wenn ich diese Bücher dann in der neuen Sprache zu lesen beginne, habe ich schon ein gutes Verständnis über den Gesamtinhalt.

Damit stoßen wir wieder auf das faszinierende Thema „Verstehen der Message". Sie erinnern sich, in Kapitel 3 haben wir uns damit schon kurz beschäftigt.

Wenn Sie den Inhalt eines Buches kennen und bereits einzelne Wörter beherrschen, beginnen Sie, die Message zu verstehen. Sie erinnern sich, der Automatismus des unbewussten Lernens beginnt zu laufen.

Was ich hier dringend empfehlen möchte: Lesen Sie Texte, die Sie auch in Ihrer Muttersprache lesen würden. Ich bin zum Beispiel kein Zeitungsleser, doch viele unserer Kunden lesen täglich Zeitung. Einem Zeitungsleser würde ich sofort empfehlen, eine Nachrichten-App in der Zielsprache zu laden. Was bei uns die Tagesschau ist, kann auf Spanisch durch „El Pais", auf Englisch durch „CNN" oder auf Französisch durch „Le Monde" ersetzt werden. Der größte Vorteil hierbei: Neben den Texten zum Lesen gibt es auch immer wieder kleine Videos.

Ein weiterer Tipp, auf den ich selbst erst vor Kurzem gestoßen bin: Ersetzen Sie Ihr normales Wörterbuch durch ein einsprachiges Wörterbuch. Im Spanischen wäre das zum Beispiel das Wörterbuch der Real Academia Española. Darin finden Sie keine Übersetzung, sondern das gesuchte Wort wird in Spanisch erklärt. Damit bleiben Sie nicht nur in der Fremdsprache, Sie bauen gleich mehrere Pfade zur gleichen "Box" auf. Sie erinnern sich an den Adler...

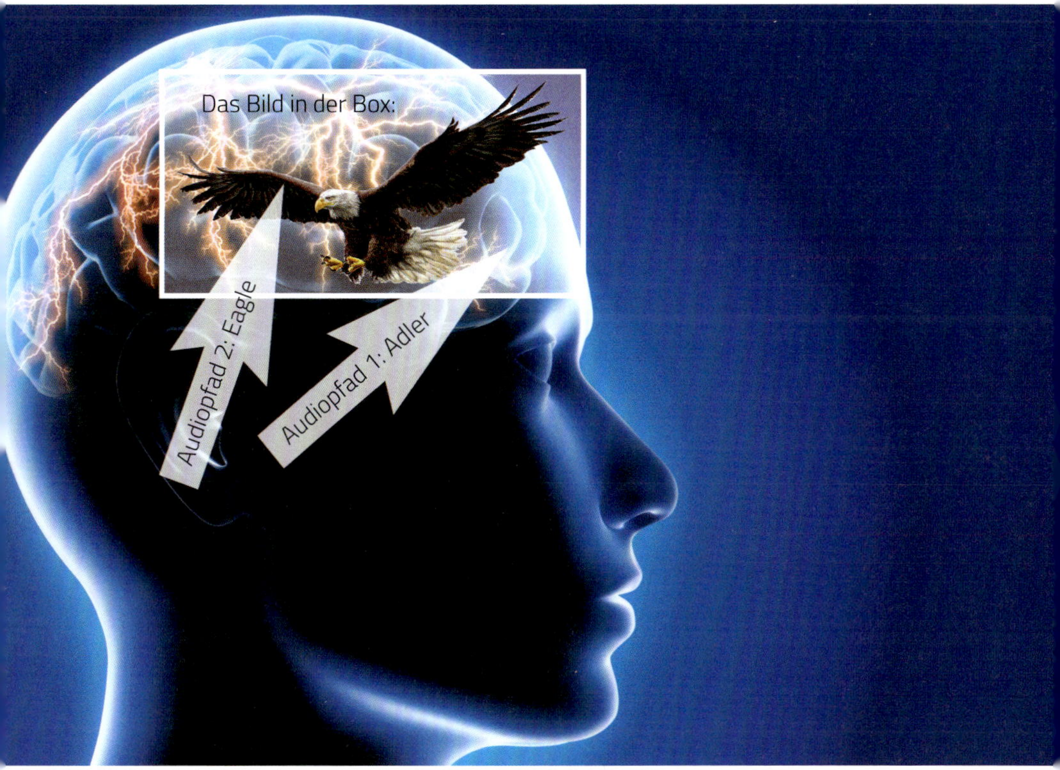

Passives Hören über die Haut®

Seit ich 1995 verstanden hatte, dass ein Sprachbad der Schüssel zum schnellen Erlernen einer Fremdsprache ist, hat mich dieser Gedanke nicht mehr losgelassen. 1997 habe ich dann die Entwicklung des heutigen neoos® gestartet. Denn: Ich wollte unbedingt mehrere Stunden pro Tag die neue Sprache „hören" ohne dafür extra Zeit einsetzen zu müssen. Die Idee war einfach: Wenn es einen Weg gäbe zu hören und dabei die Ohren weiterhin für den Alltag zu nutzen, dann würde das eine Revolution im Bereich „Sprachbad" bedeuten. Ich habe damit begonnen, mich mit der Idee der Knochenschall-Leitung auseinanderzusetzen,, denn ich wusste, dass man über den Knochen Audioinformationen leiten konnte. Nach der Auswertung von mehr als 800 Patenten war klar, dass es noch sehr viel mehr gibt als Knochenschall-Leitung, nämlich die Leitung von Ultraschallfrequenzen über die Haut. Der Einsatz war sehr viel spannender und vielfältiger.

Nach zwei Jahren Entwicklung und Forschung hatte ich erste Prototypen aufgebaut. Und ein halbes Jahr später war die erste Geräteserie verfügbar. 1999 war die Welt der Technik natürlich noch eine ganz andere. Die ersten Modelle des neoos® (damals hießen die Geräte noch thinkman®) wurden per CD-Player mit Audioinhalten versorgt. Das machte den Einsatz natürlich sehr viel umständlicher, die mobile Nutzung war nur sehr eingeschränkt möglich. Heute sieht das ganz anders aus. Der neoos® hat die Größe einer Scheckkarte, kann bequem in der Hosentasche getragen werden und wird per USB-Schnittstelle mit Inhalten nach Wahl bespielt.

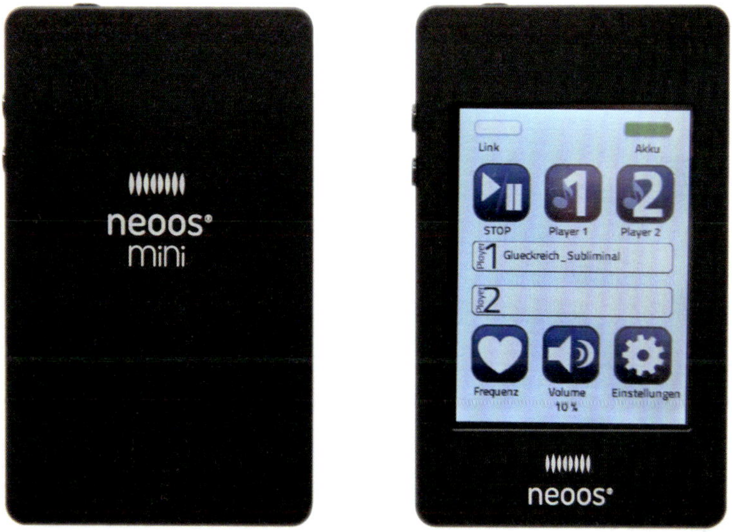

neoos® mini und neoos® 2

„Néos" steht im Altgriechischen nicht nur für „neu", sondern auch für „ungewöhnlich", „revolutionär". Und diese Bezeichnung trägt das Gerät zu Recht, davon bin nicht nur ich als Entwickler überzeugt, sondern auch zehntausende meiner Kunden und die uns begleitenden Universitäten.

Nehmen wir als Beispiel das Training einer Sprache. Mit der Unterstützung des neoos® kann das Erlernen einer Sprache schneller, einfacher und mit geringerem Zeitaufwand absolviert werden. Warum? Weil wir die neue Sprache über den neoos® immer und immer wieder „hören" – das vollständig automatisierte Sprachbad. Das nachhaltige Training ist tatsächlich revolutionär, denn Sprache geht mit dem neoos® im wahrsten Sinne des Wortes unter die Haut und wird nicht mühsam gepaukt. Was steckt also drin in diesem Wunderkästchen namens neoos®?

Die Funktionsweise des neoos® basiert auf dem Prinzip „Hören über die Haut®"! Natürlich reagieren die meisten Menschen darauf zunächst mit Skepsis. Doch wer schon einmal das charakteristische „Klicken" von Delfinen gehört hat, sollte bestätigen können, dass die Methode des neoos® funktioniert. Denn Delfine kommunizieren hauptsächlich im Ultraschall-Bereich, einem Frequenzbereich von 100 bis 200.000 Hz, für menschliche Ohren unhörbar.

Hören über die Haut®

Dass wir die Laute der Meeressäuger trotzdem wahrnehmen, liegt daran, dass unsere Haut die über das Wasser transportierten Schallwellen aufnehmen kann. Die Haut ist unser größtes Organ und gleichzeitig die Abgrenzung nach außen. Dass wir über die Haut Ultraschall-Frequenzen wahrnehmen können, wurde erstmal 1991 wissenschaftlich untersucht und bestätigt. Die Ultraschall-Frequenzen breiten sich im Körper aus und werden dann von unserem Gleichgewichtsorgan – genannt Sacculus – als hörbarer Impuls über den Hörnerv verarbeitet. Eine großangelegte Studie der Johannes-Gutenberg-Universität Mainz (Details finden Sie ab Seite 109) zeigte die Wirkungsweise meines neoos® erst kürzlich sehr detailliert auf.

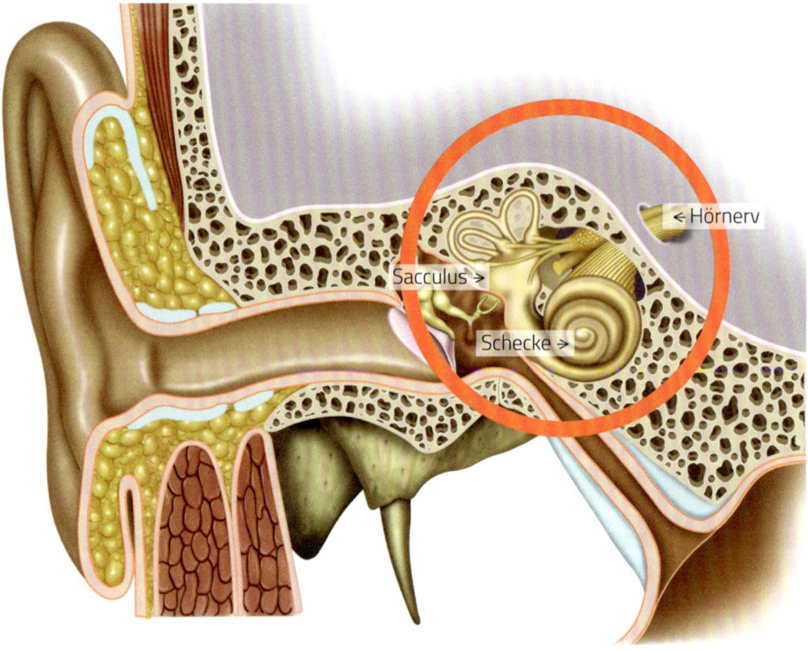

Zum Verständnis: Die für das Innenohr nicht hörbaren Ultraschallfrequenzen werden vom Gleichgewichtsorgan übermittelt. In der Grafik auf der linken Seite sehen Sie, dass die Nervenbahnen der Hörschnecke und des Gleichgewichtsorgans (Sacculus) eng zusammenliegen, beide sind in der Lage, Audiosignale zu übermitteln. Die Basis: Der neoos® erzeugt Ultraschall-Träger-Frequenzen, auf diese werden Audioinhalte (zum Beispiel die Lektionen eines Sprachkurses) aufmoduliert und über zwei kleine Kontakte – genannt Schwingungsgeber – auf die Haut seines Nutzers übertragen.

Der neoos® ganz praktisch im täglichen Einsatz

Die vom neoos® verwendeten Frequenzen sind mit dem menschlichen Körper kompatibel und können deshalb über die Haut appliziert werden. Ein Vorteil der Ultraschallfrequenzen: Sie wirken harmonisierend und regulieren den menschlichen Körper. Diesen Vorteil genießen Sie übrigens ganz einfach nebenbei, während Sie eine Sprache lernen. Einige positive Wirkungen der verwendeten Frequenzen: Sie sind förderlich für die Gesundheit, da sie zu einer körperlichen Entspannung führen. Sie regulieren die Frequenzbänder des menschlichen Gehirns und fördern den sogenannten Alpha- und Thetabereich. Das wiederum ist ein großer Vorteil für alle Arten des Lernens (etwa von Sprachen), da Sie in diesen Frequenzbändern aufnahmefähiger sind und die Inhalte schneller und tiefer verankern können (weniger körperliche Anspannung fördert Lernprozesse).

Vertiefende Informationen zur Technik des neoos®, zu den angefertigten Studien und Anwendungsbeobachtungen finden Sie im Online-Bereich zum Buch. Auf die Ultraschallfrequenzen aufmoduliert, überträgt der neoos® von Muttersprachlern gesprochene Dialoge.

Die Subliminaltrainings zur Nutzung mit neoos®

So funktioniert ein Subliminal

Die Dialoge hören wir nur zu einem kleinen Teil bewusst, denn sie werden für die Wiedergabe über den neoos® noch optimiert und aufbereitet. Über den neoos® nutzen Sie das sogenannte Subliminaltraining (sub = unter, limen = die Schwelle). Ich habe diese Technik bereits 2001 entwickelt, während ich mit den ersten Gerätegenerationen des neoos® Erfahrungen sammelte. Das Prinzip ist relativ einfach. Sie „hören" die Informationen tatsächlich bewusst, wenn Sie genau hinhören. Doch sobald Sie sich im Alltag bewegen, zum Beispiel Auto fahren, ein Telefonat führen oder auch nur einige Minuten in einem Buch lesen, rutscht die Wahrnehmung auf die unbewusste Ebene. Sie „hören" zwar immer noch und doch adressieren Sie mit dem Inhalt nicht mehr die langsam verarbeitende, bewusste Ebene, sondern die extrem schnell verarbeitende, unbewusste Ebene.

Falls Sie sich jetzt fragen, wie so ein Subliminal Programm aussieht, hier der Aufbau. Im ersten Schritt werden die Inhalte mit fließenden Wassergeräuschen maskiert, darüber liegt leicht bewusst hörbar der Dialog. Darunter findet sich der gleiche Dialog mit 32-facher Wiederholung (Sie finden eine Hörprobe im Online-Bereich zum Buch).

Nutzt man also den neoos® zum Sprachtraining, nimmt man den Muttersprachler nicht nur einmal, sondern 32-mal unbewusst wahr. Stellen Sie sich vor, Sie sitzen in einem Biergarten und unterhalten sich (bewusst) mit der Person, die Ihnen gegenüber sitzt (beim neoos® Sprachtraining ist das

Ihre bewusste Tätigkeit, Sie arbeiten, fahren Auto, telefonieren oder lesen). Gleichzeitig sprechen um Sie herum 30 Personen, die Sie bewusst nicht hören (außer Sie konzentrieren sich auf diese Personen). Unbewusst nehmen Sie die Unterhaltungen um sich herum allerdings wahr. Sie nehmen den Klang der Sprache auf, Sie „baden" in der Sprachmelodie. Und genau diesen Effekt nutzen Sie mit der Subliminalspur Ihres neoos®. Das Wasser-Rauschen lenkt ihr Bewusstsein noch weiter von der Information weg und es sorgt für Entspannung. Wasser ist für 99,9 Prozent aller Menschen positiv besetzt. Das Plätschern entspannt uns und es vermittelt die Wahrnehmung von Fließen. Die Sprache „fließt" also in Sie hinein, Sie kommen in „Fluss", sie sprechen „fließend".

Hören ist das perfekte Sprachbad

Was wie ein Märchen klingt, wird in unseren Sprachkursen Realität. Wir simulieren also das Erleben eines ungeborenen Kindes und eines Kleinkindes. Was erlebt das Kind? Es hört die Muttersprache! Sogar während der embryonalen Phase im Mutterleib bekommt ein Kind unglaublich viel von seiner Umwelt mit. Dass sich ein ungeborenes Baby akustische Reize merken kann und diese Laute nach der Geburt wiedererkennt, wurde in verschiedenen Studien nachgewiesen. Wissenschaftler der Universität Helsinki haben erforscht, ob das ungeborene Kind ein Lied erkennt und ob das Gehörte so in seinem Gedächtnis verankert wird, dass das Kind nach der Geburt darauf zugreifen kann. Die Frage war, ob das Gehirn eines Ungeborenen bereits vergleichbar zu dem eines geborenen Menschen arbeitet. Eino Partanen, Hauptautor der Studie, schreibt dazu: „Auch wenn unsere früheren Untersu-

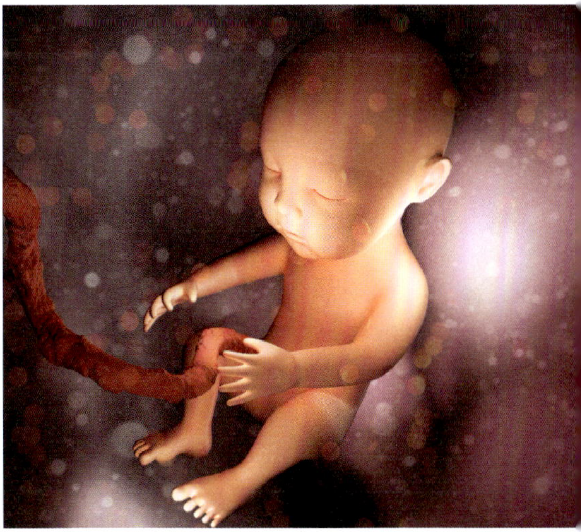

chungen gezeigt haben, dass Föten kleinere Sprachdetails und Stimmen erkennen können, wussten wir bis jetzt noch nicht, wie lange sie diese Informationen behalten." Um genau das festzustellen, baten die Forscher 24 schwangere Frauen an fünf Tagen der Woche das Kinderlied „Twinkle Winkle Little Star" zu hören. Nach der Geburt der Babys wurde ein EEG der Neugeborenen aufgezeichnet, um die Reaktion auf das Wiegenlied zu messen. Es gab natürlich eine Kontrollgruppe von Neugeborenen, die das Lied nicht gehört hatten. Das Ergebnis: Die Kinder, deren Mütter das Lied regelmäßig gehört hatten, erkannten das Lied sofort. Das EEG wies eindeutig die Muster auf, die mit Erinnerungen verbunden sind. Die anderen Kinder zeigten keine Reaktion. Sehr spannend war auch, dass die Kinder nach vier Monaten immer noch eine klare Reaktion, also Erinnerung, hatten, obwohl das Lied in dieser Zeit nicht mehr vorgespielt wurde. Die Forscher haben damit das erste Mal den Beweis für früheste Lernprozesse angetreten.*

Sprache beginnt mit Hören

Warum ist dieses Ergebnis für uns so ausschlaggebend? Es zeigt, dass der Lernprozess „Sprache" mit Hören beginnt. Und das vollkommen unbewusst. Diese Art des Hörens nutzen Sie auch für jede weitere Sprache. Die Methode des dauerhaften Hörens (vor und nach der Geburt) führt bei jedem Muttersprachler zu einer Hundert-Prozent-Erfolgsquote.

Demgegenüber kommen nur sehr wenige Menschen mit den klassischen Lernmethoden wie Grammatikregeln und Vokabellisten in eine flüssige Sprachkompetenz. Und das ist auch nachvollziehbar. Denn Sprachvermögen bildet sich auf der Basis der gehörten Sprachmelodie der Mutter aus, was sich im Begriff der Muttersprache widerspiegelt. Das hat nichts damit zu tun, dass Väter nichts zu melden haben (kleiner Scherz). Das Kind wächst im Mutterleib heran und ab der 23. Schwangerschaftswoche ist sein Gehör

*http://www.pnas.org/content/suppl/2013/08/15/1302159110.DCSupplemental

so ausgebildet, dass es auf Geräusche zu reagieren beginnt. Deshalb ist die Mutter so dominierend, wenn es um Sprache geht. Die Wissenschaftlerin Carolyn Granier-Deferre von der Universität Paris sagt dazu: „Das ungeborene Kind hört alle Töne, die von der Mutter ausgehen." Es lauscht der Stimme der Mutter, ihrem Herzschlag, dem Rumoren ihres Magens. Und ab der 35. Woche kann das ungeborene Kind Töne unterscheiden. Der Psychologieprofessor und Experte für den frühen Spracherwerb Fred Genesse von der McGill Universität in Kanada schreibt: „Das Baby fängt schon vor der Geburt an, die Rhythmen verschiedener Sprachen zu erkennen."

Logischer Rückschluss: Wenn wir eine Sprache am Rhythmus und am Klang erkennen, sind diese wohl sehr wichtigte Schlüssel zum Spracherwerb. Das erklärt auch warum einmal pro Woche zwei Stunden Schulunterricht einfach zu wenig sind. Wir beschäftigen uns in diesen zwei Stunden nur auf der kognitiven Ebene mit der neuen Sprache. Und dabei lauschen wir in der Regel auch noch einer Person, die selbst kein Muttersprachler ist. Das Kopieren der neuen Sprache ist so gar nicht möglich, wir genießen ganz einfach kein „Sprachbad".

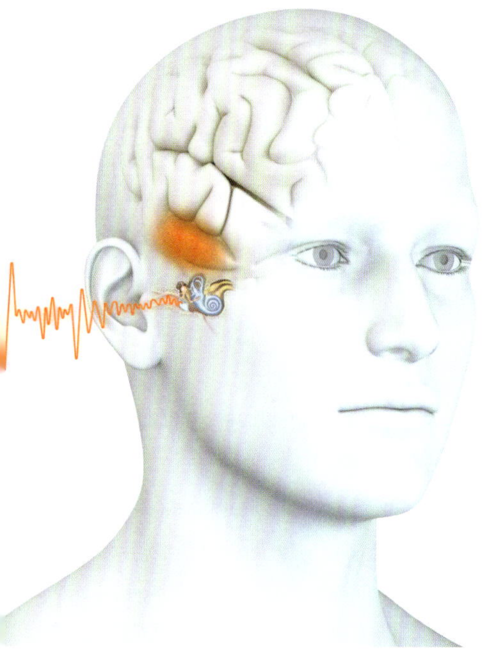

Hören Sie jeden Tag, Stunde für Stunde

Hören wir dagegen jeden Tag für mehrere Stunden die neue Sprache, tauchen wir ganz automatisch in den Rhythmus und in die Melodie ein. Genau deshalb ist der neoos® eine der drei Säulen in dem von mir entwickelten Trainingskonzept. Sie können damit ohne jeden Zeitaufwand, ganz einfach nebenbei in der jeweiligen Sprache baden.

Dabei lernen Sie tatsächlich nicht bewusst, sondern unbewusst während Sie bewusst Ihrem Hobby oder der Arbeit nachgehen. Unbewusst gewöhnen Sie sich schon an das Klangbild und die Sprachmelodie, also die Aussprache Ihrer neuen Sprache. Und es ist vollkommen unwichtig, ob Sie etwas verstehen oder nicht. Sie baden einfach in der Sprache, Sie lassen sich treiben und genießen die neuen Eindrücke.

Gleichzeitig beginnen Sie die Strukturen zu verstehen, wenn Sie zeitnah durch die Wort-für-Wort-Übersetzung anfangen, die Message der Texte zu registrieren. Und bei jeder weiteren passiven Wiederholung dringt die Message tiefer in die unbewussten Ebenen vor! Das geht kinderleicht, da Sie bei jedem Hören quasi einen mehrstündigen Ausflug ins Land Ihrer Zielsprache machen. Ein Aufenthalt, der Sie keine Extraminute Ihrer wertvollen Zeit kostet.

Immersion ist lernen mit sehr geringem Zeiteinsatz

Wenn Sie dieses vollautomatische Bad nun auch noch um Videos, Podcasts, Bücher und weitere Aktivitäten zur Immersion erweitern, werden Sie mit sehr viel Freude und wenig Anstrengung in die Sprache eintauchen. Probieren Sie es aus!

Und auch das aktive Training ist in meinen Sprachkursen sehr einfach und gehirngerecht. Wie sollte es auch anders sein? Die Trainingsinhalte, auf die wir im nächsten Kapitel kommen, sind das zweite Standbein meiner Methode. Der Ansatz des neoos® – das dauerhafte Aufnehmen der Sprachmelodie – habe ich mit den modernsten Erkenntnissen aus der Lernforschung und den Neurowissenschaften kombiniert.

Sie finden hier eine Zusammenfassung des aktuellen Forschungsprojektes „Sprachen lernen durch Hören über die Haut mit neoos®". Das Forschungsprojekt wurde von Prof. Dr. Schöllhorn und Dr. Diana Henz geleitet. Durchgeführt wurde es an der Johannes Gutenberg-Universität Mainz, Deutschland.

1. Einleitung

Aktuelle wissenschaftliche Studien zeigen, dass das Lernen auf impliziten Wegen, d. h. auf Ebenen stattfinden kann, die unterhalb der Bewusstseinsschwelle liegen. So konnte beispielsweise mehrfach belegt werden, dass beim Gedächtnisabruf der ganze Körper spezifische Reaktionen zeigt, auch wenn die Personen sich nicht mehr bewusst an die gelernten Inhalte erinnern konnten. In diesen Studien waren spezifische Muster in der Gehirnaktivität, Herzaktivität, muskulären Aktivität und der Hautleitfähigkeit beobachtbar, wenn den Lernenden das Lernmaterial präsentiert wurde. Dabei konnten für unterschiedliche Lerninhalte jeweils spezifische Muster in der körperlichen Reaktion festgestellt werden.

In der vorliegenden Studie wurde getestet, ob durch Anwendung einer personenspezifischen Grundfrequenz eine bessere Lerndisposition des Gehirns erzielt werden kann, sodass die Lernprozesse beim Sprachenlernen effizienter ablaufen.

Beim Sprachenlernen sind verschiedene Gehirnareale beteiligt (siehe Abb. 1). Das Broca-Areal ist vor allem bei der Sprachproduktion involviert. Das Wernicke-Zentrum ist für das Verstehen von Sprache von zentraler Bedeutung. Die Strukturen Gyrus temporalis superior, Gyrus temporalis medius und Gyrus frontalis inferior sind bei der Verarbeitung von verschiedenen Aspekten der Sprachsemantik beteiligt. Der präfrontale Cortex ist erforderlich, um Lernhandlungen zu steuern und sprachliche Gedächtnisinhalte aus verschiedenen Quellen zu integrieren.

Von zentralem Interesse war in der vorliegenden Studie die Erfassung der Gehirnaktivität, die über das Elektroenzephalogramm (EEG) gemessen wird. Eine Veränderung in der Zusammensetzung der Frequenzbänder des EEG gilt dabei als wissenschaftlicher Nachweis für einen Effekt der Anwendung des neoos® auf die Gehirnaktivität. Beim EEG gibt die Zusammensetzung der verschiedenen EEG-Frequenzbänder (insbesondere der Theta-, Alpha-, Beta- und Gamma-Bereich) Aufschluss über psychophysiologische Wachheits- und Aktivierungszustände des Gehirns sowie verschiedene Funktionsweisen des kognitiven Systems.

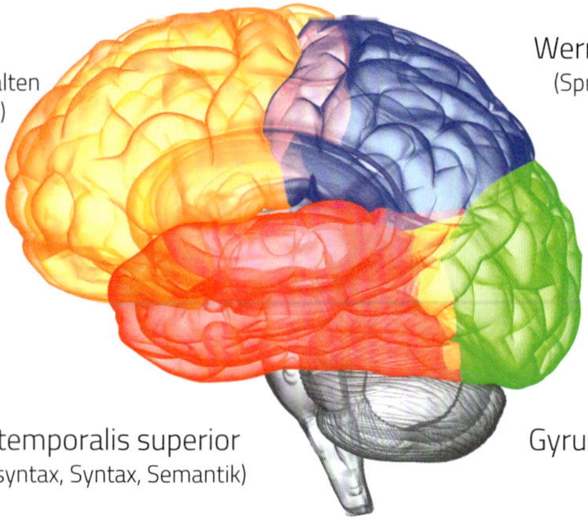

Abbildung 1: Beim Sprachenlernen sind verschiedene Gehirnregionen beteiligt. Durch Testung mittels EEG oder bildgebender Verfahren kann untersucht werden, welche Gehirnareale beim Sprachenlernen bei Anwendung des neoos® aktiviert werden.

2. Forschungsmethodik

Im vorliegenden Forschungsprojekt wurden 15 gesunde erwachsene Versuchspersonen (neun Frauen, sechs Männer; Durchschnittsalter 25,3 Jahre) getestet. Vor den EEG-Messungen wurde jeweils eine individuelle Grundfrequenz für jeden Probanden mittels computergestützter Analyse der KOSYS GmbH bestimmt.

Die so ermittelte Grundfrequenz wurde über den neoos® über eine Dauer von 20 Minuten eingespielt. In der vorliegenden Studie wurden drei experimentelle Bedingungen getestet:

1. Personenspezifische Grundfrequenz
2. Abweichende Grundfrequenz
3. Keine Grundfrequenz

Vor, während und nach jeder experimentellen Bedingung wurde jeweils das EEG aufgezeichnet. Im Anschluss fand jeweils eine Lerneinheit statt, in der über den neoos® eine Sprachlerneinheit für 20 Minuten eingespielt wurde. Während und nach der Sprachlerneinheit wurde mit dem EEG getestet, ob eine Aktivierung der sprachrelevanten Gehirnareale erfolgte. Sollte das Einspielen der personenspezifischen Grundfrequenz eine förderliche Wirkung für das Sprachenlernen haben, so sollte eine (stärkere) Aktivierung der Gehirnareale, die für das Sprachenlernen erforderlich sind, beobachtbar sein. Dagegen sollte in den experimentellen Bedingungen mit einer abweichenden Grundfrequenz oder keiner Grundfrequenz keine bzw. eine andersartige Aktivierung beobachtbar sein.

Um einen maximalen wissenschaftlichen Standard der Studie zu gewährleisten, wurde das Versuchsdesign randomisiert, d. h. die Abfolge der experimentellen Bedingungen war zufällig, um Reihenfolgeeffekte der Testung zu vermeiden.

Zur Erfassung der Gehirnaktivität in den für das Lernen im Allgemeinen und Sprachenlernen relevanten Gehirnarealen wurde eine high-density Technologie eingesetzt. Von 128 Elektroden wurde das EEG-Signal an der Kopfoberfläche abgeleitet. Mittels einer mathematischen Modellierung ist es aufgrund der hohen Anzahl an Elektrodenableitungen von der Kopfoberfläche möglich, eine genaue Lokalisierung der Gehirnaktivität in der Tiefe des Gehirns durchzuführen. So kann überprüft werden, ob die lernrelevanten Areale des Gehirns durch Einspielen der Grundfrequenz über den neoos® angeregt werden.

3. Ergebnisse

Im Folgenden werden die Ergebnisse der 3D-Modellierung der EEG-Daten für die getesteten experimentellen Bedingungen (ohne Grundfrequenz, Einspielen der Grundfrequenz, Einspielen einer abweichenden Grundfrequenz) dargestellt. Die EEG-Daten wurden über alle Probanden gemittelt.

Die EEG-Analyse zeigt eine Zunahme der Theta-Aktivität (4-7.5 Hz) beim Einspielen der Grundfrequenz mittels neoos® im Frontal Kortex (siehe Abb. 2). Die Zunahme der Theta-Aktivität ist statistisch signifikant gegenüber den experimentellen Bedingungen, in denen

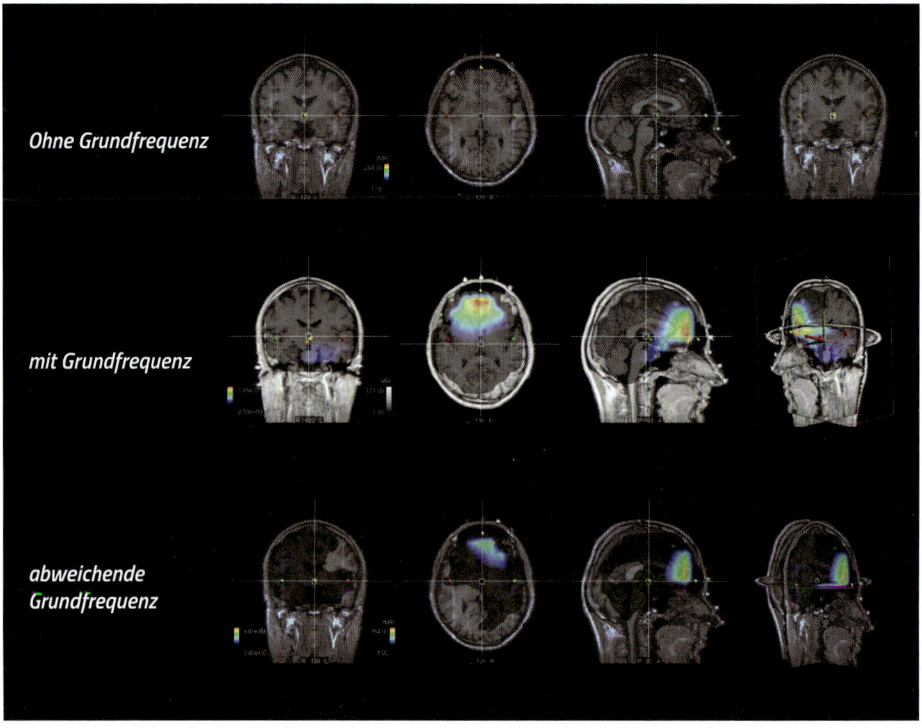

Abbildung 2: 3D-Modellierung der EEG-Daten für die Testung der experimentellen Bedingungen zur Wirkung der Grundfrequenz (keine Grundfrequenz, Grundfrequenz, abweichende Grundfrequenz). Dargestellt ist die Aktivierung im Theta-Band (4-7.5 Hz).

keine Grundfrequenz eingespielt wurde oder in denen eine abweichende Grundfrequenz eingespielt wurde. Die Ergebnisse der statistischen Tests liegen oberhalb der Zufallswahrscheinlichkeit ($p < 0.05$). Eine Aktivierung des Frontal Kortex im Theta-Bereich deutet auf verstärkte Konzentrationsprozesse und Zentrierung bei den Probanden hin.

In einem weiteren Schritt wurde die Wirkung des kombinierten Einspielens der Grundfrequenz mit dem Sprachlernprogramm mittels neoos® überprüft. Die EEG-Analyse zeigt eine Zunahme der Theta-Aktivität beim Einspielen des Sprachlernprogramms mittels neoos® in den kontralateralen (gegenüberliegenden) Gehirnarealen, die für auditive Informationsverarbeitung (Gyrus temporalis medius) und das Sprachenlernen (Wernicke-Areal) relevant sind

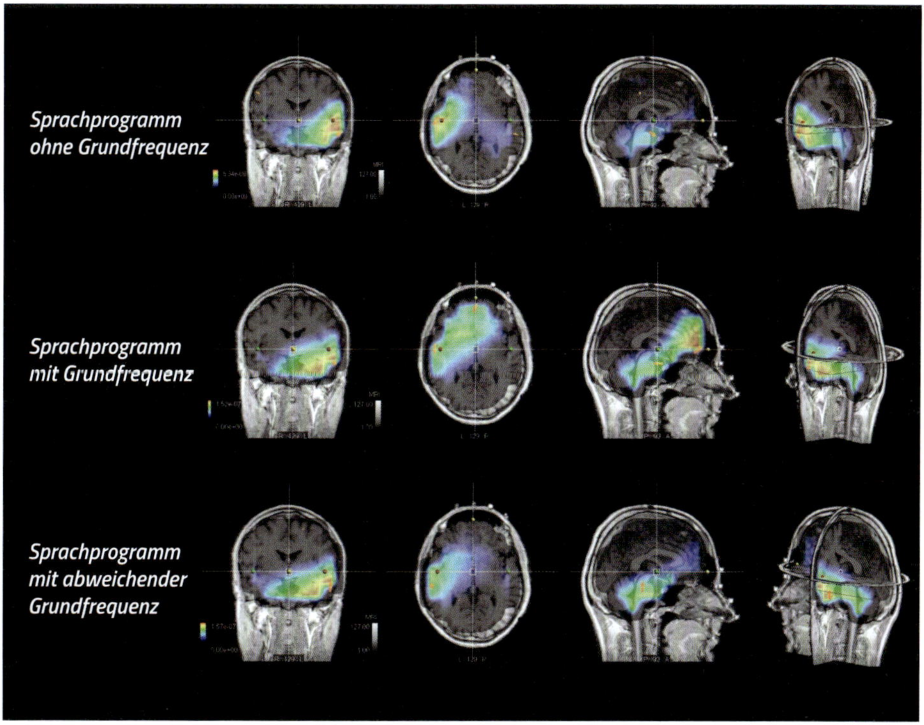

Abbildung 3: EEG-Quellenanalyse für die experimentellen Bedingungen Sprachlernprogramm ohne Grundfrequenz, Sprachlernprogramm mit Grundfrequenz und Sprachlernprogramm mit abweichender Grundfrequenz. Dargestellt ist die Aktivierung im Theta-Band (4-7.5 Hz).

(siehe Abb. 3). Bei zusätzlichem Einspielen der Grundfrequenz ist neben einer Theta-Aktivierung der Gehirnareale, die für das Sprachenlernen relevant sind, eine Aktivierung im Frontalcortex zu beobachten. Die Aktivierung der Gehirnareale, die für das Sprachenlernen relevant sind, sowie die Aktivierung im Frontal Kortex, ist beim Einspielen der Grundfrequenz statistisch signifikant stärker gegenüber den experimentellen Bedingungen, in denen keine Grundfrequenz eingespielt wurde oder in denen eine abweichende Grundfrequenz eingespielt wurde. Die Ergebnisse der statistischen Tests liegen oberhalb der Zufallswahrscheinlichkeit ($p < 0.05$). Eine Aktivierung des Frontal Kortex im Theta-Bereich deutet auf verstärkte Konzentrationsprozesse und Zentrierung bei den Probanden hin. Beim gleichzeitigen Einspielen des Sprachlernprogramms wirkt eine Theta-Aktivierung des Frontal Kortex insofern förderlich, als dass die Probanden für neue Lerninhalte aufnahmefähig sind.

4. Fazit

Die Ergebnisse der vorliegenden Studie belegen eine Wirksamkeit des Einspielens der individuellen Grundfrequenz, des Sprachlernprogramms sowie des kombinierten Einspielens von Grundfrequenz und Sprachlernprogramms mittels neoos®. Die Ergebnisse zeigen, dass beim Einspielen des Sprachlernprogramms mittels neoos® Gehirnareale aktiviert werden, die mit auditiver Informationsverarbeitung (Gyrus temporalis medius) und dem Sprachenlernen (Wernicke-Areal) assoziiert sind. Durch das Einspielen der individuellen Grundfrequenz mittels neoos® wird eine Theta-Aktivierung des Frontal Kortex erzielt.

Der Frontal Kortex dient der Aufmerksamkeits- und Handlungssteuerung und ist ein neurophysiologisches Substrat für Arbeitsgedächtnisprozesse, die beim Sprachenlernen erforderlich sind. Das Arbeitsgedächtnis spielt eine zentrale Rolle bei der Aufrechterhaltung und Integration von Sprachinformationen. Im alltäglichen Wachheits- und Arbeitsmodus des Gehirns ist meist eine Beta-Aktivierung des Frontal Kortex bei wacher Aufmerksamkeit zu beobachten. Wird der Frontal Kortex durch verschiedene Interventionen wie etwa Meditation oder Hypnose in den Theta-Modus versetzt, ist es möglich, dass Lernmodi und Informationsverarbeitungsprozesse des Gehirns verstärkt angesprochen werden, die unterhalb des bewussten Lernens agieren. So ist eine Verstärkung der Lerneffekte durch eine Theta-Aktivierung des Frontal Kortex bei kombiniertem Einspielen von individueller Grundfrequenz und Sprachlernprogramm mittels neoos® eine mögliche wissenschaftliche Erklärung.

Die Ergebnisse der EEG-Analyse zeigen ferner eine Aktivierung in der temporoparietalen Funktion. Dieses Gehirnareal ist bei der Integration von sensorischer Information aus verschiedenen Modalitäten (auditiv, visuell, somatosensorisch) beteiligt. Dies ist ein Hinweis darauf, dass mittels der Schwingungsgeberstimulation auf der Haut eine Aktivierung u. a. von somatosensorischer Information erfolgt, was als ein möglicher Wirkmechanismus für die Ultraschallapplikation mittels neoos® interpretiert werden kann.

Kapitel 6 – So verstehen Sie die neue Sprache

Erst wenn Sie die neue Sprache verstehen, können Sie beginnen, aktiv zu sprechen. In diesem Kapitel erfahren und erleben Sie einen unglaublichen, schnellen und nachhaltigen Weg, das Sprachverständnis aufzubauen. Vor bald 200 Jahren wurden dieser Weg des Sprachverstehens das erste Mal publiziert. Lassen Sie sich verblüffen, wie einfach das gehirngerechte Verstehen einer neuen Sprache sein kann.

Nachhaltigkeit beim Lernen ist eines unserer Kernthemen. Und genau darum geht es – neben der Geschwindigkeit und Einfachheit. Wenn eine Sprache nachhaltig verstanden wird, bleibt sie besser abrufbar. Ein nachhaltiges Verstehen beginnt aus Sicht der Neurowissenschaft in dem Moment, in dem nicht einzelne Wörter, sondern komplette Dialoge im Kontext genutzt werden können. Erst dann spricht man von einer nachhaltig verankerten Information. Im Klartext: Solange Sie auswendig einzelne Wörter aufsagen, ist das nicht nachhaltig. Erst wenn Sie Wörter im Kontext verwenden können, ist die Information „nachhaltig" verankert. Diese Fähigkeit wird dann auch als Sprachkompetenz bezeichnet.

Als ich 2004 meinen ersten Englischkurs entwickelte, kannte ich diese Erkenntnisse aus der Neurowissenschaft noch nicht. Doch mein gesunder Menschenverstand und das eigene Lernerlebnis waren für mich Beweis genug, dass Sprachtraining über Dialoge der beste Weg sein musste. Um das Verständnis für einen Text aufzubauen, benutzte ich die Technik der Dekodierung. Zum ersten Mal habe ich durch Vera F. Birkenbihl (*1946; †2011) von dieser Methode gehört. Doch tatsächlich reicht diese Methode noch viel weiter zurück. Bereits in den 30er-Jahren wurden in den USA Sprachkurse publiziert, die mit der 1:1-Übersetzung arbeiteten. Die Methode wurde damals „Mittelsprache" genannt – eine Vermittlung zwischen der Mutter- und Zielsprache.

Einfach und gehirngerecht

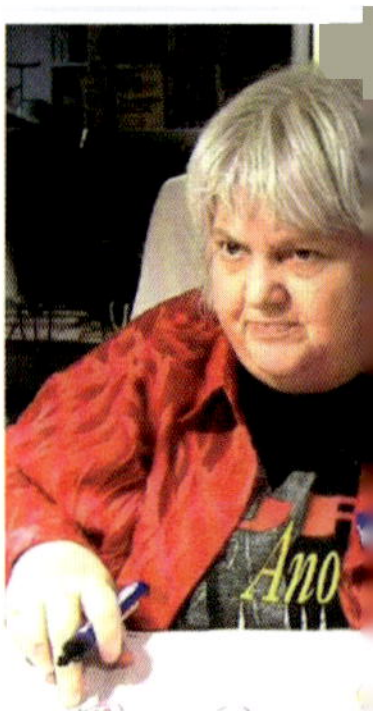

Vera F. Birkenbihl

Ein Jahr nach dem Tod von Birkenbihl bin ich auf Heinrich Schliemann (*1822; †1890) gestoßen. Der eine oder andere von Ihnen wird ihn als

* Vera F. Birkenbihl ist 2011 verstorben. Sie legte in Ihrer Arbeit immer großen Wert auf die Angabe von Quellen, doch leider fand ich zu den Werken von Schliemann bei ihr keine schriftlichen Hinweise. Nachdem ich erst 2012 auf Schliemann aufmerksam wurde, konnte ich Sie leider auch nicht mehr persönlich zu Schliemann befragen.

Archäologen und Entdecker von Troja im Geschichtsunterricht kennengelernt haben. Schliemann konnte laut einer unbestätigten Biografie am Ende seines Lebens 16 Sprachen sprechen, ein anderer Biograph berichtet sogar von 20 Sprachen. Und jetzt kommt das Erstaunliche: Schliemann hat bereits 1850 selbst Sprachkurse publiziert. Und das auf der Basis einer 1:1-Übersetzung, also der Dekodierung, die auch ich heute noch verwende.

Heinrich Schliemann

Natürlich habe ich das System über die Ansätze von Schliemann und Birkenbihl hinaus weiterentwickelt. Zum einen gab es bei Schliemann noch keine Möglichkeit, Audios abzuspielen. Deshalb hat er die sogenannte „Lautsprache" verwendet. Hier sehen Sie einen Auszug aus einem seiner Sprachkurse (ich konnte einen seiner Sprachkurse von 1860 im Antiquariat erstehen).

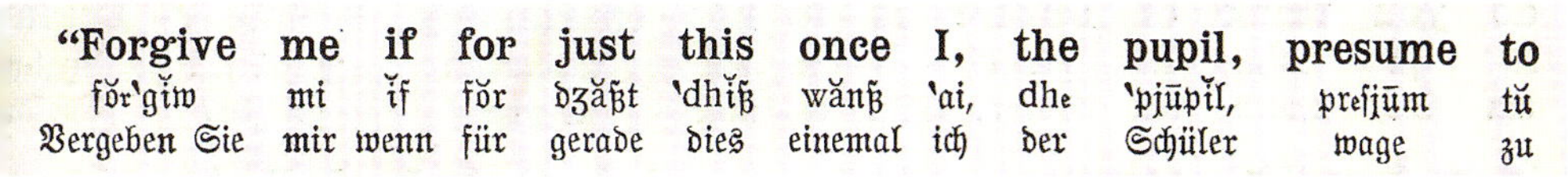

"Forgive	**me**	**if**	**for**	**just**	**this**	**once**	**I,**	**the**	**pupil,**	**presume**	**to**
fŏr'giw	mi	ĭf	fŏr	dʒăßt	'dhĭß	wănß	'ai,	dhe	'pjūpĭl,	prefjūm	tŭ
Vergeben Sie	mir	wenn	für	gerade	dies	einemal	ich	der	Schüler	wage	zu

Birkenbihl hat ihre Kurse in den 80er- und 90er-Jahren entwickelt und dann danach nicht mehr weiter entwickelt. Seitdem wurden natürlich sehr viele weiterführende Erkenntnisse in der Lern- und Neurowissenschaft gesammelt. Einen Großteil dieser Erkenntnisse habe ich in mein Kursmaterial einfließen lassen. Um nur einige Beispiele zu nennen: In meinem Material starten Sie mit häufig verwendeten Verben (sein, tun, haben, gehen usw.), Ihre Kreativität wird sofort in Übungssätzen gefordert, die Lernprozesse werden mit Mental- und Entspannungstraining sowie der Integration der in der Sprache üblichen Frequenzen kombiniert. Schauen wir uns im ersten Schritt die Technik des Dekodierens ganz allgemein an. Denn Sie können diese Technik natürlich nicht nur im Rahmen meiner Sprachtrainings nutzen, sondern mit jedem beliebigen Inhalt.

Wichtig: Bei der Erklärung der konkreten Schritte gehe ich immer davon aus, dass Sie deutscher Muttersprachler sind. Das Prinzip ist für einen englischen, italienischen oder polnischen Muttersprachler natürlich genau das gleiche. Und Sie können jeden dieser Schritte mit völlig eigenen, individuellen Lerninhalten ausführen. Dazu kommen wir in den nächsten Kapiteln. Ich benutze zur Verdeutlichung meine Sprachkurse, da hier die Inhalte bereits komplett aufbereitet und somit einfach nachzuvollziehen sind. Übrigens: Ich rate Schülern jeder Altersstufe dazu, die Dialoge ihrer Schulbücher zu Dekodieren. Das ist zwar eine Fleißaufgabe, die zu Beginn etwas Zeit kostet. Im Nachgang spart es aber sehr viel Energie, da die Sprache auf einem ganz anderen Level „verstanden" wird.

Warum? Weil Sie mit der Technik des Dekodierens jeden Text – und ich meine damit wirklich JEDEN Text – schneller verstehen. Sie verstehen nicht nur jedes einzelne Wort, sie verstehen innerhalb kürzester Zeit auch den Aufbau der Zielsprache. Und das ist – zumindest mir – bisher mit keiner anderen Lerntechnik gelungen.

Die Idee ist einfach und simpel und für jeden absolut nachvollziehbar. Bevor Sie mit irgendeiner anderen Aktivität in Ihrer Zielsprache starten, sollten Sie die Sprache zumindest in den Grundzügen verstehen. Mit Aktivitäten meine ich Sprechen, Lesen, Schreiben oder Übersetzen. Im klassischen Schulunterricht starten Sie damit sofort, bei unserem Konzept kommt all das erst später. Ich führe schon wieder das Kleinkind an: Es hört, dann versteht es, dann spricht es, noch später liest und schreibt es. Doch was genau ist „verstehen"?

Verstehen bedeutet, den Code einer Sprache zu begreifen. Beleuchten wir zuerst den Begriff Code, der für eine Form der Verschlüsselung steht. Solange wir einen Code nicht verstehen, ist er für uns ein Buch mit sieben Siegeln. Sobald wir den Code durchschauen ist es sehr einfach. Solange wir den Code nicht verstehen, verwirrt uns die Information, welche der Code übermittelt. Haben wir den Code durchblickt, ist die Information simpel und sofort nachvollziehbar.

Warum ist diese Information so wichtig? Ganz einfach – wenn wir einen Code durchschaut haben und ihn täglich anwenden, reagieren wir nicht mehr bewusst. Wir müssen nicht mehr überlegen, wir wissen. Und damit wird unsere Reaktion unbewusst und extrem schnell. Schauen Sie sich die folgenden zwei Zeichen an, gehen Sie kurz in sich und fragen Sie sich, welchen Schlüssel Sie benutzen, um diese Zeichen zu verstehen.

E 3

Die Zeichen sind gar nicht so unterschiedlich, nicht wahr? Das eine Zeichen eckig mit Öffnungen auf der rechten Seite, das andere rund mit Öffnungen auf der linken Seite. Und trotz der großen Ähnlichkeit sind Sie in der Lage, das erste Symbol als Buchstaben und das zweite Symbol als Zahl zu Dekodieren.

Einen Code zu verstehen, bedeutet einfach nur, eine passende Verbindung zwischen Symbol und Verständnis zu erzeugen. Im nächsten Schritt nehmen wir eine Verkettung von Symbolen: **drei Gläser.**

Was sehen Sie? Vielleicht Wassergläser ohne Inhalt? Oder Wassergläser mit Limonade? Ich weiß nicht, was Sie gesehen haben. Damit zeigt sich, wie unterschiedlich ein so einfacher Code ausgelegt werden kann.

Was ich Ihnen mit diesem Beispiel zeigen möchte, ist Folgendes: Wenn Sie heute „drei Gläser" lesen oder hören, haben Sie ein Bild in Ihrem Kopf. Lesen Sie dagegen „three glasses of water" haben Sie vielleicht auch ein Bild in Ihrem Kopf. Fällt Ihnen auf, dass in dieser Sprache die Bedeutung etwas klarer ist? Übrigens, wenn Sie den englischen Code nicht verstehen, haben Sie natürlich kein Bild in Ihrem Kopf. Gleiches gilt für „τρία ποτήρια νερό" (Griechisch), „tre bicchieri d'acqua" (Italienisch) oder „tres vasos de agua" (Spanisch). Ist Ihnen aufgefallen, dass ich von „drei Gläser" auf „drei Gläser Wasser" gewechselt habe?

Das wirklich Faszinierende ist, dass es Ihrem Bewusstsein und auch Ihrem Unterbewusstsein völlig gleichgültig ist, ob Sie die drei Gläser bei dem Code „drei Wassergläser" oder „tre bicchieri d'acqua" vor Ihrem geistigen Auge sehen. Und diese Dekodierung ist tatsächlich sehr einfach. Sie arbeiten nicht mit sinngemäßem Übersetzen, sondern mit einer Wort-für-Wort-Übersetzung. **Ein neuer Pfad – für die gleiche Box.**

Gerade für Einsteiger ist diese Methode phantastisch geeignet. Das Lernen ist so einfach, wie Sie es bisher sicher noch nie kennengelernt haben. Nicht umsonst haben sowohl Kinder und Jugendliche als auch Erwachsene eine Neigung zu dieser Art und Weise des Lernens. Es müsste meiner Meinung nach jedem engagierten Sprachtrainer auffallen, dass Menschen versuchen, genau auf diese Art zu lernen. Vor allem müsste jeder Trainer spätestens dann ein Aha-Erlebnis haben, wenn er selbst eine Sprache lernt. Denn schließlich wollen wir doch alle an einem bestimmten Punkt wissen, was ein Wort oder eine Wortkombination genau bedeutet. Der Unterschied zum Auswendiglernen von Vokabeln erschließt sich auch sehr schnell. Beim Dekodieren erschließt sich dem Lernenden der Kontext, in welchem das Wort steht.

Ein Beispiel hierzu. Nehmen wir an, Sie lernen als Anfänger Spanisch. Dann stoßen Sie irgendwann auf die Formulierung „Hasta la vista". Dann kommen Sie mit der klassischen Übersetzung nicht wirklich weiter, denn die lautet „Auf Wiedersehen!".

Jetzt wissen Sie zwar, dass „Hasta la vista" wohl eine Verabschiedung ist, aber Sie wissen immer noch nicht, was die einzelnen Wörter bedeuten. Und das ist ziemlich unangenehm, denn irgendwann müssen Sie die WÖRTER verstehen, um dann den SATZAUFBAU zu verstehen.

Und jetzt kommt das Schönste an der ganzen Sache: Sie brauchen ganz sicher KEINE Grammatik-Regeln, um Wörter und Satzaufbau zu verstehen. Wortwörtlich übersetzt bedeutet

Hasta	**la**	**vista.**
Bis	die	(An)Sicht.

„Bis die Sicht" lässt sich natürlich mit „auf Wiedersehen" verbinden. Und damit Sie das Konzept bei ausführlicheren Texten transparent nachvollziehen können, kommen wir jetzt zu den zwei einfachen und nachhaltigen Schritten der Dekodierung.

Schritt 1 – die Lektion verstehen und visualisieren

Im ersten Schritt lesen Sie eine komplette Geschichte in Ihrer Muttersprache. Diese Geschichte dient dann als Basis für Ihre aktuelle Lektion in der neuen Zielsprache. Sie gehen dabei sehr konzentriert vor. Sie lesen den deutschen Text aufmerksam durch und stellen sich die Handlung so bildhaft wie möglich vor. Fragen Sie sich: Worum geht es in diesem Text? Machen Sie daraus einen Film, der vor Ihrem geistigen Auge abläuft. Je lebendiger Sie sich die Handlung vorstellen, desto leichter wird Ihnen im nächsten Schritt das Verstehen der fremden Sprache fallen.

Damit sich Ihnen das Prinzip erschließt, möchte ich Ihnen gerne ein Beispiel dazu geben. Sie waren sicher schon einmal in einem Kinofilm, der Sie begeistert hat, dessen Handlung Sie förmlich mitgerissen hat. Wenn Sie sich Tage, Wochen oder Monate später an diesen Film erinnern, können Sie große Teile der Handlung wiedergeben. Das liegt daran, dass Sie zu 100 Prozent bei der Handlung waren, dass Sie diese Handlung bunt und ausgeschmückt dargestellt präsentiert bekommen haben, mit starken Charakteren und ganz sicher auch mit einer nachhaltig beeindruckenden Dramatik und einer Menge Emotionen.

Falls Sie jetzt einwerfen, wie Sie das denn bei einem Sprachkurs auf die Reihe bekommen sollen, dürfen Sie sich entspannen. Die erste Lektion in meinem Einsteiger-Sprachkurs hat 21 Sätze und besteht aus 103 Wörtern. Sie brauchen also keine Visualisierung für einen zweistündigen Text aufzubauen, es geht um 2 bis 3 Minuten Text.

Wenn Sie diesen kurzen Dialog visualisiert haben, kleben die Bilder im wahrsten Sinne des Wortes in Ihrem Kopf. Immer dann, wenn Sie von etwas beeindruckt werden, müssen Sie sich nichts mehr merken wollen, Sie tun es einfach. Und genau diese schlichte und sehr nachhaltige Methode nutzen wir im Sprachtraining. Bauen Sie die deutsche Geschichte so eindrucksvoll wie möglich auf, bunt und übertrieben, mit allen Sinnen, die Ihnen zur Verfügung stehen. Lassen Sie die Protagonisten so verblüffend und faszinierend wie möglich aussehen, stellen Sie sich die Locations so spannend wie möglich vor. Wenn Sie das tun, haben Sie eine phantastische Basis für den nächsten Lernschritt gelegt.

Um Ihnen beim Verständnis zu helfen, habe ich Mustersätze vorbereitet. Bitte lesen Sie sie durch und entwerfen Sie dazu ein Bild.

Michele: Hallo. Ich bin Michele. Ich freue mich, hier zu sein.
Sara: Und ich bin Sara. Ich bin mit Michele hier. Wir sprechen Italienisch.

Falls Sie sich fragen, wie das Bild zu diesen Sätzen aussehen könnte: Stellen Sie sich vor, Sie buchen eine Zugfahrkarte und auf der Karte steht als Reiseziel „fließend Italienisch sprechen".

Sie finden das eigenartig, weil dieses Reiseziel in keinem Atlas steht? Spielt aber keine Rolle! Je abgefahrener und kreativer das Bild ist, desto einfacher werden Sie es sich merken können. Stellen Sie sich vor, dass Sie in die italienische Sprache hineinfahren. Sie tauchen ein in die Welt des Dolce vita, die Welt von Antipasti, Vino und Pasta.

Sie tauchen ein in die Welt der Liebe – und schon hören Sie „amore". Und da sind wir bei einem wichtigen Punkt. In zahlreichen unabhängigen Studien wurde festgestellt, dass Menschen immer dann schnell und einfach eine Sprache lernen, wenn Sie sich in einen Partner der gewünschten Sprache verlieben.

Ich meine damit jetzt selbstverständlich nicht, dass Sie zwingend auf Partnersuche gehen sollten oder müssen. Ich möchte Ihnen nur veranschaulichen, dass Sie sich auch in die neue Sprache „verlieben" können. Ich denke, der Rückschluss zu unserer mentalen Haltung ist damit noch nachvollziehbarer.

Während Sie in alle Teile der neuen Sprache eintauchen, stellen Sie fest, wie viel Spaß Sie dabei haben und wie einfach es ist. Ich weiß ja nicht genau, was Ihnen in Ihrem Leben Spaß macht und gleichzeitig simpel ist, doch es wäre äußerst hilfreich, wenn Sie genau das mit dem Dekodieren der italienischen Sprache verbinden würden.

Ich möchte Sie nun bitten, mit diesen Bildern in Ihrem Kopf die unten stehenden Sätze noch einmal ganz bewusst und langsam zu lesen. Direkt im Anschluss lehnen Sie sich zurück, schließen Sie die Augen und testen Sie, ob Sie sich an die Sätze erinnern können.

Michele: Hallo. Ich bin Michele. Ich freue mich, hier zu sein.

Sara: Und ich bin Sara. Ich bin mit Michele hier. Wir sprechen Italienisch.

Ist Ihnen bewusst geworden, wie einfach und genussvoll Lernen sein kann? Sie glauben, bis jetzt noch gar nichts gelernt zu haben? Ich darf Sie beglückwünschen, denn Sie haben bereits sehr, sehr viel gelernt. Sie haben einen sprachlichen Inhalt visuell so aufbereitet, dass es vollkommen gleichwertig ist, ob Sie diese Bilder nun an den Code der deutschen, englischen oder italienischen Sprache hängen. Und das ist so unglaublich faszinierend, dass viele Menschen zuerst nur die Stirn runzeln, weil sie nicht glauben können, dass Sprachenlernen so simpel sein kann. Falls Sie bei sich eben gerade die Neigung zum Unglauben wahrnehmen, nehmen Sie sich bitte als nächstes die Kapitel 9 und 10 vor. Sie werden noch erfahren, wie entscheidend Ihre mentale Haltung fürs Erlernen der neuen Sprache ist.

Fassen wir noch einmal zusammen: Sie haben sich mental vorbereitet, Sie haben den Inhalt der Lektion mit einem lebhaften und eindrucksvollen Film verbunden. Und jetzt geht es zum nächsten wichtigen Schritt, dem Verstehen. Und das erreichen Sie, wenn Sie den Code durchdringen.

Mit der Dekodierung erkennen Sie die Bedeutung jedes einzelnen Wortes auf direktem Weg.

Michele:	**Ciao.**	**Sono**	**Michele.**	**Mi**	**fa**	**piacere**	**essere**	**qui.**
	Hallo.	[ich-]bin(1)	Michele.	Mich	macht	Freude(2)	sein	hier.

Sara:	**E**	**io**	**sono**	**Sara.**	**Sono**	**qui**	**con**	**Michele.**	**Parliamo**	**italiano.**
	Und	ich	bin	Sara.	[Ich-]bin	hier	mit	Michele.	[Wir-]sprechen	Italienisch.

Wenn Sie sich die original Sätze von unseren italienischen Muttersprachlern anhören möchten, finden Sie diese im Online-Bereich zum Buch unter www.josuakohberg.com. Einfach einloggen und anhören. Und natürlich können Sie im Schnellstarterkurs auch eine komplette Lektion „testen".

Im echten Leben würden Sie sich jetzt auch noch einen Farbstift bereitlegen. Was nun passiert? Sie hören den italienischen Text (in diesem Fall sind es nur ein paar Sätze, im echten Training werden Sie einen kompletten Dialog hören).

Gleichzeitig LESEN Sie die deutsche Wort-für-Wort-Übersetzung. Der Effekt ist immer wieder verblüffend. Sie beginnen, die Bilder in Ihrem Kopf mit einem neuen Code zu verbinden, nämlich dem Code der italienischen

Wenn Sie Einsteiger/in sind, hören Sie jetzt Satz für Satz und lesen Sie dabei die deutsche Dekodierung mit. Satz für Satz bedeutet im Klartext, dass Sie zunächst wirklich nach jedem Satz auf die Pause-Taste drücken. Dies gibt Ihnen genügend Zeit, sowohl den fremdsprachigen Klang auf sich wirken zu lassen als auch die Bedeutung zu registrieren!

Wenn Sie Vorkenntnisse haben, können Sie gleich den fremdsprachigen Text mitlesen, wobei Sie neue fremdsprachige Wörter überspringen, weil Sie an deren Stelle die deutschen Wörter lesen, die Sie ja im ersten Schritt farbig markiert haben.

Verstehen und Klang verbinden

Zur Wiederholung: In Schritt 1 bauen Sie das Verständnis des Textes auf. In Schritt 2 binden Sie dieses Verständnis an den Klang der fremdsprachigen Wörter. Das ist enorm wichtig! Schritt 2 müssen Sie langsam durchlaufen! Bedenken Sie bitte, dass Sie insgesamt enorm viel Zeit sparen, weil Sie ja anders vorgehen als früher. Da musste man zuerst Vokabeln büffeln und den Text mühselig entziffern. All das fällt ja jetzt weg! Deshalb können Sie sich fürs aktive Hören wirklich viel Zeit nehmen. Je mehr Sie jetzt aktiv hören, desto mehr Zeit sparen Sie später ein!

Auf diese Weise gehen Sie den Abschnitt so lange (ganz langsam und gemütlich) durch, bis Sie den dekodierten Text nicht mehr brauchen. Sie können jetzt jeden Satz dieses Abschnittes verstehen, ohne den deutschen Text mitzulesen. Am Ende von Schritt 2 ist es für Ihr Gehirn vollkommen egal, ob Sie diesen Text in der neuen Sprache oder in Ihrer Muttersprache hören, weil Sie ihn auf jeden Fall hervorragend verstehen werden!

Nochmal: Eine Besonderheit, die den Lernerfolg fördert, ist die, dass Sie sich bei meiner Lernmethode immer nur auf einen einzigen Aspekt konzentrieren. In diesem Schritt geht es daher nur um das Verständnis. Ist der dekodierte Text dem „guten Deutsch" sehr ähnlich, dann ist er für uns leicht zu lernen (zum Beispiel „Michele hat ein Auto"). Weicht die Wort-für-Wort-Übersetzung („Pseudo-Deutsch") hingegen vom „guten Deutsch" ab, so registrieren Sie dies unbewusst und können sich diese Struktur genauso leicht (unbewusst) einprägen, wie Sie einst die typischen Strukturen Ihrer Muttersprache gelernt haben (zum Beispiel „Michele will kaufen ein Auto").

Und: Beim Lesen der Wort-für-Wort-Übersetzung darf gelacht werden! „Pseudo-Deutsch" kann sehr erheiternd wirken, da ja die Satzkonstruktion in der neuen Sprache der deutschen natürlich nicht immer entspricht. Ein Vorteil: Witzige Konstellationen können Sie sich leicht merken. Und es sollte klar sein, dass gerade jene witzigen Satzstrukturen für anderssprachige Menschen, die Deutsch lernen, sehr schwierig sind, weil unsere sprachliche Form ihnen genauso komisch erscheint. Das vergessen wir oft, wenn uns die fremde Formulierung eigenartig anmutet.

Beim Lernen darf auch gelacht werden

Vielleicht können Sie sich noch an die Wutrede des ehemaligen FC-Bayern-Trainers Giovanni Trappatoni erinnern. Ein Auszug: „Müssen zeigen jetzt, ich will, Samstag, diese Spieler müssen zeigen mich e seine Fans, müssen allein die Spiel gewinnen. Ich bin müde jetzt Vater diese Spieler, eh, verteidige immer diese Spieler! Ich habe immer die Schulde über diese Spieler. Einer ist Mario, einer, ein anderer ist Mehmet! Strunz dagegen, egal, hat nur gespielt 25 Prozent diese Spiel! Ich habe fertig!". Das original Video gibt es im Online-Bereich zum Buch unter www.josuakohberg.com/sprachenlernen

Wie klingt das für Sie? Ja, wie eine Wort-für-Wort-Übersetzung, eine De-Kodierung. Dieses Ergebnis ist natürlich auf der Basis einer emotionalen Wutrede entstanden und doch zeigt es uns ganz klar, wie Sprache funktioniert. Trappatoni hat die Dekodierung einfach nur andersherum angewandt. Er hat die Struktur – den Code – seiner Muttersprache Italienisch unter deutsche Wörter gebaut. Wir gehen in unseren Trainings den einfachen Weg. Wir nutzen das Verständnis der neuen Sprache – das Verstehen des Codes – um diese Sprache einfach und nachhaltig zu lernen. Wir kopieren tatsächlich wie ein Kleinkind. Und das ist genial einfach und spielerisch. Und es erspart uns peinliche Auftritte à la Trappatoni.

Machen Sie den Test und probieren Sie es einfach aus...

Zum Abschluss machen Sie doch einen einfachen Test. Ich liefere Ihnen hier auf der rechten Seite einen englischen Text und Sie erstellen Ihre erste eigene Dekodierung. Wenn Sie ein Wort nicht kennen, dann können Sie weiter unten spicken.

Augen und Stift nach rechts ;-)

Und, wie gefällt Ihnen diese Art des Verstehens? Neben den Wörtern haben Sie jetzt auch gleich den strukturellen Aufbau des englischen Satzes durchdrungen. Ohne Regel, ohne Vokabelliste, ohne Auswendiglernen. Und so schnell wie nie zuvor.

Übrigens – wenn Sie moralische Bedenken haben, im unteren Teil von Seite 133 zu spicken, lehnen Sie sich entspannt zurück. Kopieren ist die schnellste und effektivste Methode, etwas Neues zu lernen. Wir haben das als Kinder gemacht, wir tun es als Erwachsene. Wir suchen uns Vorbilder, die wir „modellieren" können. Also, kopieren Sie auf Teufel komm raus und Sie werden sehr viel schneller lernen als jemals zuvor. Werfen Sie die alten Konditionierungen einfach über Bord (Kapitel 9 und 10).

Michael: Hotel Marriot, Michael speaking. How can I help you?

____

Sarah: Hello, my name is Sarah Wilson. I would like to book a

____

room.

____

Michael: Of course, Ms Wilson. When would you like to come?

____

Sarah: I'm coming to Salzburg this Friday. I need the room

____

from Friday to Sunday. Have you got

____

a vacancy?

____

Michael: Hotel Marriot, Michael speaking. How can I help you?
Hotel Marriot, Michael sprechend. Wie kann ich helfen Ihnen?

Sarah: Hello, my name is Sarah Wilson. I would like to book a
Hallo, mein Name ist Sarah Wilson. Ich würde mögen zu buchen ein
room.
Zimmer.

Michael: Of course, Ms Wilson. When would you like to come?
Selbstverständlich, Frau Wilson. Wann würden Sie mögen zu kommen?

Sarah: I'm coming to Salzburg this Friday. I need the room
Ich'bin kommend zu Salzburg diesen Freitag. Ich brauche das Zimmer
from Friday to Sunday. Have you got
von Freitag zu (bis) Sonntag. Haben Sie (bekommen)
a vacancy?
eine Unbelegtheit (etwas frei)?

Frau Kohberg, als Geschäftsführerin von KOSYS haben Sie direkten Kontakt zu tausenden Kunden, welche über KOSYS ein Sprachtraining gebucht haben. Wie würden Sie deren Erfahrungen und Berichte zusammenfassen?

Sicherlich sind die Erfahrungen und Berichte von diesen vielen Kunden schwer auf einen Punkt zusammenzufassen. Sind doch die Ausgangspositionen und natürlich auch die Erwartungen ganz unterschiedlich. Zusammenfassend kann ich aber sagen, dass viele, um nicht zu sagen alle, ihre Glaubenssätze über das Lernen im Allgemeinen und das Sprachenlernen im Besonderen verändert haben. Oftmals waren sie völlig überrascht, wie „einfach" und „schnell" es geht. Interessant ist auch, dass bei vielen Menschen auch nur das etwas zählt, was wirklich schwer zu erreichen war. Es kommen bei unseren Sprachtrainings echte Glaubensmuster hervor, die mit angeschaut werden. Ein Satz, der von einem Lehrer in der vierten Grundschulklasse gesprochen wird, wie: „ Du bist nicht geeignet für Fremdsprachen!" wirkt – auch noch mit 50. Je schneller sich die Teilnehmer auf das System einlassen, umso schneller kann die neue Sprache Zugang finden. Viele Kunden berichteten mir im Nachgang, dass sie schon nach wenigen Tagen im Training dachten, das kann doch gar nicht sein, wie einfach es funktioniert. Sie standen sich also selbst im Weg. Und wenn sie das dann erkannt haben, ging der Knoten auf. Wirklich spannend ist, dass durch die dauerhafte, unbewusste Beschallung mit Hilfe des neoos® das Wissen sehr schnell und einfach aktiviert wird. Und zwar völlig gleichgültig, ob die Teilnehmer 15 oder 50 waren. Das System ist für jedes Alter geeignet.

Einer Ihrer Schwerpunkte im Coaching ist die Stimmanalyse. Welche Schnittpunkte hat die Stimmanalyse mit dem Erlernen einer Sprache?

Die eigene Stimme ist so individuell wie der Fingerabdruck. Ich kann anhand einer Stimmanalyse meine persönliche Grundfrequenz genau erkennen. Was sind meine Stärken, Schwächen und meine Potenziale und in wie weit lebe ich dies schon oder eben nicht. Und wie weit bin ich weg von „mir" und entsprechend verstimmt. Das alles und noch mehr kann ich anhand der Stimmanalyse sehen. Und dabei wird auch klar, wo mein Zugang zur jewei-

ligen Sprache ist. Strukturierte Persönlichkeiten finden zum Beispiel einen ganz anderen Zugang zu einer Fremdsprache als kreative Menschen. Das heißt, die Gründe oder Motivation, die in der einen Grundfrequenz dominieren, locken eine ander strukturiere Person noch lange nicht hervor, sich auf das Abenteuer Sprache einzulassen. Ist eine Person mit einer eher unstrukturierten Grundfrequenz unterwegs, braucht sie Möglichkeiten in seinem Lernen, um sich kreativ zu entfalten. Diese Person wird zum Beispiel viel Freude und Begeisterung dabei haben, über Lieder oder Filme zu lernen. Ein strukturierter Typ übersetzt lieber Fachvorträge oder ähnliches. Mit unserem System haben wir den großen Vorteil, dass wir „alle" dort abholen, wo sie sind und was Ihren Begabungen entspricht.

Vielleicht kennen Sie die berühmte Karikatur von Hans Traxler mit dem Titel Chancengleichheit (erschienen in „Karikaturen aus 2.500 Jahren Pädagogik").

Auf der Karikatur sind verschiedene Tiere, unter anderem ein Affe, ein Elefant und eine Robbe zu erkennen. Diese stehen in einer Reihe, einem Mann gegenüber. Im Hintergrund ist ein Baum zu sehen. Über dem Mann ist eine Sprechblase abgebildet, in der „Zum Ziel einer gerechten Auslese lautet die Prüfungsaufgabe für Sie alle gleich: Klettern Sie auf den Baum!" steht. Vordergründig erscheint die Aufgabe als gerecht, da an alle Tiere die gleiche Anforderung gestellt wird. Bei genauerer Betrachtung wird jedoch deutlich, dass die scheinbare Gleichberechtigung eine Diskriminierung darstellt. Die vom Lehrer gestellte Aufgabe kann auf Grund der verschiedenen körperlichen Voraussetzungen der einzelnen Tiere unterschiedlich gut, bzw. gar nicht erfüllt werden. Während der Affe bei der Bewältigung der Aufgabe keine Probleme hat, wird es dem Elefanten nicht möglich sein die Aufgabe zu bewältigen. Dies stellt keinerlei Chancengleichheit dar, sondern vielmehr eine Benachteiligung, bzw. Bevorzugung einzelner Tiere. Betrachtet man allerdings nur das Ziel der Aufgabe, den besten Kletterer zu finden, so wäre dies eine gute Auslese.

Grundfrequenz Bestimmung mit Simone Kohberg

Und wenn ich meine eigene Grundfrequenz kenne und sowohl in der Frequenze als auch in der Sprache, die ich gerade lernen möchte, „bade", bleibe ich gestimmt. Meine Zellen schwingen in meinem Ton, ich bin bei mir, bin klar und fokussiert und lerne entspannt. Eine der wichtigsten Eigenschaften für erfolgreiches Lernen. Wir haben diese Kombination 2017 sehr ausführlich und wissenschaftlich fundiert mit der Johannes Gutenberg-Universität Mainz geprüft. Und das Ergebnis ist wirklich überzeugend. Lernen in der Kombination mit der persönlichen Grundfrequenz ist eine hocheffziente Methode.

Wie kann ich denn meine persönliche Grundfrequenz feststellen?

Die Bestimmung der Grundfrequenz findet in einem persönlichen Termin mit mir statt. Aufgrund der aktuellen Forschungsergebnisse haben wir sehr viele Anfragen nach einer Bestimmung der Grundfrequenz. Wir haben deshalb für Sie im Anhang des Buches eine etwas ausführlichere Beschreibung vorbereitet, wie eine solche Bestimmung abläuft. Wer sich noch tiefer informieren möchte kann auch gerne unsere Website www.glueckreich.de besuchen. Dort erhalten Sie, neben den detaillierten Informationen zur Stimmanalyse, auch die Möglichkeit einen Termin mit mir zu buchen.

Sie haben natürlich auch selbst zwei Sprachen mit dem KOSYS System erlernt. Was war Ihre Motivation und gibt es noch ein paar Tricks und Kniffe, die Sie weitergeben möchten?

Genau, Motivation ist das richtige Wort. Ohne wirkliche Motivation läuft gar nichts. Nicht mit unserem und auch nicht mit einem anderen System. Nur weil „ich eigentlich schon immer mal Französisch sprechen wollte" werde ich mich nicht auf die Reise machen. Zu eben Französisch habe ich überhaupt keinen Draht und keine Ambitionen, diese Sprache zu lernen. Das lasse ich auch einfach. Anders bei Italienisch. Ich liebe Italien, ich liebe die Sprache, die Menschen, die Mentalität und ich wollte diesen Menschen schon immer begegnen. Als wir dann vor einigen Jahren in Süditalien Urlaub machten und ich wusste, dort spricht wirklich keiner Deutsch und - aus der Erfahrung - nur wenige ein gutes Englisch, war meine Motivation sehr hoch, um aus dem Hotel rauszukommen und wirklich etwas von Land und Leute zu erleben, diese Sprache anzugehen. Die italienische Küche hat mich als kreativen Typ dabei hervorragend unterstützt :-) Und natürlich der Termin — so ein bisschen echter Druck fördert den Eustress. Das kann ich von mir sagen und auch von vielen unserer Kunden. Ein Teilnehmer, der in einem halben Jahr seine spanische Traumfrau in Barcelona heiraten möchte, ist natürlich stärker motiviert als die Kundin, die schon immer mal irgendwann auf Mallorca auswandern wollte, aber eigentlich auch meint, dass dort ja eh alle deutsch sprechen :-) Den Teilnehmer mit der spanischen Traumfrau hatten wir übrigens wirklich und er war happy, sich mit der spanischen Familie unterhalten zu können.

Sie geben ja unter anderem auch Seminare im Ausland und Sie bereisen leidenschaftlich gerne fremde Länder. Wo sehen Sie hier den größten Zusammenhang mit Sprachkompetenz?

Seminare im Ausland haben immer einen besonderen Reiz. Sowohl für die Seminarleitung als auch für die Teilnehmer. Ich glaube, es liegt in der menschlichen Natur, Länder zu bereisen, andere Kulturen und Traditionen kennenlernen zu wollen. Bei Seminaren im Ausland kann man all dies oft besser als bei einem „gewöhnlichen" Urlaub. Und die Teilnehmer unserer Seminare haben eines gemeinsam, sie sind sehr weltoffen und haben immer den Wunsch nach Fort- und Weiterbildung. Je mehr Sprachen der Mensch spricht, desto weltoffener ist er. Den Zugang zu den Menschen finde ich am schnellsten über ihre Sprache. Deshalb gibt es auch immer, egal um welches Seminarthema es sich handelt, einen kleinen Exkurs in die griechische Sprache, wenn wir z.B. auf Lesbos unterwegs sind. Jeder Mensch fühlt sich verstanden, wenn er in seiner Sprache angesprochen wird, und es geht dabei nicht um die fließende Sprache. Es geht dabei um die Wertschätzung meines Gegenübers, der dann, wenn es ehrlich gemeint ist, über das ein oder andere grammatikalische Hindernis hinwegsieht und die fehlende Vokabel gerne ergänzt. Das ist Völkerverständigung.

Welche weitere Sprache möchten Sie noch erlernen und warum?

Als nächstes lerne ich sicherlich Spanisch. Diese Sprache ist, wie Italienisch, eine mir sehr angenehme, singende Sprache. Und nach Englisch, Chinesisch und Hindi die viert meist gesprochene Sprache der Welt. Und auch hier greift die Frage der Motivation. Habe ich im Moment keine :-) Für etwas keine Zeit zu haben heißt ja nur, etwas anderes ist mir wichtiger. Und so ist es ganz klar mit dieser Sprache bei mir. Aber vielleicht gehe ich den anderen Weg der Motivation und suche mir ein „Problem auf zwei Beinen". Das heißt, ich suche mir einen Menschen, der mir den nötigen Druck aufbaut, um mir eine Motivation zu geben. Wir haben einen neuen Mitarbeiter aus Lateinamerika — ich glaube, er wird mein Problem auf zwei Beinen.

Was glauben Sie, wie die Welt unserer Kinder in 50 Jahren aussehen wird? Welche Rolle wird Sprache in dieser Welt spielen?

Ich glaube, dass Sprachen dann die wichtigste Rolle überhaupt spielen. Die Globalisierung der Welt geht immer schneller. Ich bin mir sicher, dass Familienfeiern in 50 Jahren ein multikulturelles Treffen sein werden. Unsere Kinder und Enkelkinder sind auf dem Globus so unterwegs wie wir innerhalb von Deutschland oder Europa. Die Welt wächst zusammen und mit ihr die Kulturen. Ob wir das nun möchten oder nicht. Dies ist eine Entwicklung, die nicht mehr aufzuhalten ist. Und auch hier werden diejenigen die Nase vorne haben, die viele Sprachen sprechen. Mit jeder Sprache, die wir lernen, erweitern wir unseren Horizont und damit das Verständnis und die Toleranz für fremde Länder und Menschen. Ich glaube, das ist die Aufgabe der nächsten Jahrzehnte, wenn wir die Herausforderungen dieser Globalisierung erfolgreich meistern möchten.

Was möchten Sie dem Leser noch mit auf den Weg geben?

Ich möchte die Leser gerne einladen. Einladen dazu, einfach einmal alles zu vergessen, was sie bisher über das Sprachenlernen zu wissen glauben. Lassen Sie sich auf das Abenteuer Sprachenlernen ein, und zwar frei von allen Bewertungen, die bisher auf diesem Thema liegen. Wenn wir uns heute noch so fortbewegen würden wie vor 500 Jahren, wäre das sehr unbequem, anstrengend und wenig begeisternd. Aber genau so wie vor 500 Jahren versuchen wir noch Sprachen zu lernen. Ich lade alle Leser ein, sich auf das Neue zu freuen und es zu begrüßen.

Weitere Informationen zu Simone Kohberg finden Sie unter www.glueckreich.de.

Kapitel 7 – So sprechen Sie die neue Sprache

Sprache macht nur dann wirklich Sinn, wenn wir sie auch sprechen. Und genau darum geht es in diesem Kapitel. Erleben Sie die einfachste und seit Jahrtausenden bewährte Methode, um schnell und nachhaltig in einer neuen Sprache sprechen zu lernen. Und eines ist sicher – wenn Sie in Ihrer Muttersprache sprechen können, gelingt es Ihnen ganz natürlich auch in jeder anderen Sprache.

Ich werde immer wieder gefragt, wie denn das Sprechen gezielt trainiert werden kann. Nach meinen Erfahrungswerten ist das Sprechen tatsächlich für die meisten Menschen die größte Hürde. Viele möchten es erst dann versuchen, wenn sie wirklich perfekt in der neuen Sprache sind. Falls Sie sich auch mit solchen Gedanken plagen, möchte ich Ihnen diese Idee sofort ausreden.

Sprechen beginnt mit Wörtern und kurzen Dialogen

Warum? Ganz einfach deshalb, weil Sie niemals SOFORT PERFEKT sprechen können. Ich muss an dieser Stelle schon wieder das Kleinkind bemühen. Wann und wie haben wir als Kind das erste Mal gesprochen? Richtig! Es hat circa ein Jahr gedauert, bis wir die ersten Wörter von uns gegeben haben. Und da sind wir auch schon beim Thema. Wir haben erste Wörter von uns gegeben, nicht erste Sätze. Schauen wir uns die Entwicklung der Sprache auf dem unten stehenden Bild an.

Das Sprechen beginnt also mit Begreifen, Verstehen und dem Bad in der Sprache. Wenn Sie es jetzt noch schaffen, sich auf das Sprechen zu freuen, umso besser. Das ist dann schon wieder der Blick auf Kapitel 4. Bringen Sie sich in mentale Höchstform und freuen Sie sich auf das Sprechen der neuen Sprache.

Stellen Sie sich doch einfach mal ein Elternteil vor, dessen Kind die ersten verständlichen Wörter brabbelt. Die Begeisterung auf Seiten der Mutter oder des Vaters ist riesig, sie oder er überschlägt sich vor Freude. Warum? Weil das Kind endlich mit etwas beginnt, was uns Menschen wesentlich auszeichnet. Es beginnt mit der verbalen Kommunikation. Und ich möchte Ihnen an dieser Stelle gerne einige Dinge ans Herz legen. Fangen Sie an, sich auf das Sprechen zu freuen. Seien Sie sich bewusst, dass Sie die neue Sprache nicht perfekt beherrschen werden, schon gar nicht am Anfang. Nutzen Sie das im nächsten Kapitel beschriebene „Chorsprechen", um Hemmungen abzubauen. Und halten Sie sich immer vor Augen, dass Sie nicht einmal Ihre Muttersprache perfekt beherrschen.

Haben Sie schon einmal erfahren, dass ein Mensch scheinbar in Deutsch, aber mit einem Ihnen eher unbekannten Dialekt spricht? Ich habe das zum Beispiel in Norddeutschland erlebt, als ich das erste Mal mit Ostfriesisch konfrontiert war. Ich habe nichts verstanden, obwohl mein Gegenüber einen deutschen Dialekt verwendete.

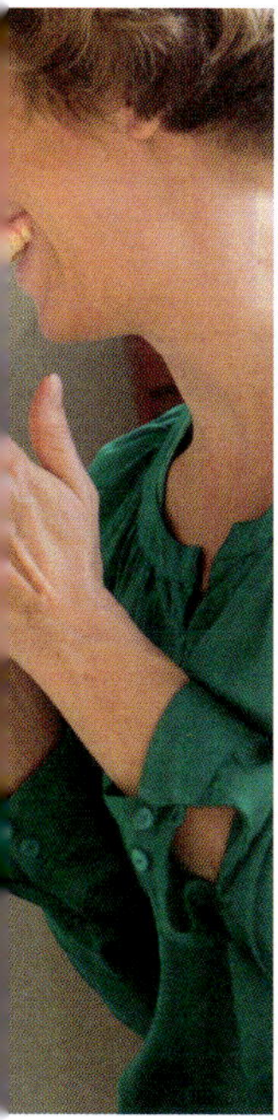

Und ich gehe noch einen Schritt weiter. Während meiner Schulzeit hatte ich auch den Eindruck, dass einige meiner Lehrer eine mir unbekannte Sprache sprechen, obwohl ich im Mathe- oder Geschichtsunterricht saß. Und manchmal habe ich dieses Gefühl auch noch heute. Ich sitze einem Menschen gegenüber, der mit mir redet, und ich verstehe irgendwie nur „Bahnhof". So mancher behauptet ja, dass Männer und Frauen wohl des Öfteren auch aneinander vorbei sprechen, obwohl sie die gleiche Sprache verwenden. Doch dem schließe ich mich lieber nicht an, denn meine Frau wird wohl die erste Leserin dieses Buches sein.

Sie sehen also: Der Anspruch, eine Sprache perfekt zu beherrschen, ist eine Illusion. Also können Sie loslegen und hemmungslos reden! Sehr förderlich ist hierbei die Einstellung eines

Lieben Sie sich und Ihre Fortschritte

Kleinkindes. Wenn es Ihnen einfach egal ist, was die anderen über sie denken, läuft die Sache. Mein Lieblingszitat zu diesem Thema lautet: **„Wenn Sie sich selbst lieben, können die anderen Sie gern haben."** Lieben Sie sich, lieben Sie Ihre Fortschritte, und die anderen werden gerne und viel mit Ihnen sprechen, so viel ist sicher. Und damit schauen wir uns doch gleich im Detail an, wie das Training des Sprechens einfach und nachhaltig erfolgen kann.

Wie beginnen Sie konkret zu sprechen? Nachdem Sie einen Dialog verstehen und Dutzende von Stunden unbewusst und bewusst in der Sprache gebadet haben, beginnen Sie mit einer sehr gezielten Lerneinheit, die Sie aufgrund der Vorbereitung mit großem Erfolg durchführen werden. Die Methode ist so einfach wie bewährt. Das gemeinsame Sprechen im Chor. Vor 25 bis 30 Jahren war dies noch eine gängige Praxis in Schulen und wer eine Sprache auf diese Weise gelernt hat, der kann noch zwanzig Jahre danach ganze Passagen rezitieren und weiß auch genau, was er da erzählt. In unseren Kursen lebt genau diese Technik wieder auf. Sie sprechen mit „Ihrem" Muttersprachler und genießen damit die perfekte Kopiervorlage. Und das Beste: Die Muttersprachler kommen von Ihrem MP3-Player im Chor. Wann immer, wo immer und wie oft Sie wollen, Ihre Mitsprecher sind allzeit bereit.

Und das sieht so aus: Zuerst drehen Sie die Lautstärke relativ stark auf, während Sie ziemlich leise mitsprechen. Nach einer Weile können Sie den Ton immer leiser einstellen, weil Sie jetzt lauter und mit mehr Selbstvertrauen sprechen.

Nach einigem Training ist der Ton des Sprachkurses fast nicht mehr zu hören, er dient jetzt lediglich als Stütze. Genauso, wie Sie das dekodierte „Pseudo-Deutsch" nur vorübergehend als „Krücke" benutzen. Und so sollte Lernen auch vonstattengehen: Als Kind sind Sie auf allen Vieren gekrochen, ehe Sie laufen konnten. Aber als Sie sich dann aufgerichtet haben, konnten Sie sehr schnell ohne Stütze gehen und bald auch laufen, springen, Rollschuh laufen und vieles mehr!

Wenn Sie einen Text mit den Schritten meiner Sprachlernmethode bearbeitet haben, heißt das: Alles, was die Personen in den Lektionen sagen oder denken, können Sie hinterher mit derselben Sicherheit sagen oder (laut bzw. leise) denken! Und Ihre Aussprache klingt nicht typisch deutsch, sondern kommt nahe an die des „Einheimischen" heran. Denn die Muttersprachler waren Ihre Kopiervorlage und genau darin haben Sie Stunde für Stunde gebadet. Man muss es erprobt haben, um zu erleben, wie leicht es geht!

Sprechen im Chor ist „schmerzfrei"

Wer einen Text mit der Chor-Methode trainiert, wird später – im „richtigen Leben" – in vergleichbaren Situationen mit ganzen Sätzen reagieren. Und zwar automatisch! Darüber muss man nicht nachdenken, es passiert einfach. Wenn es das erste Mal geschieht, ist man meist völlig verblüfft und fragt: „Habe ich das gesagt?" Ja, das haben Sie gesagt, denn durch das Lernen Schritt für Schritt nach meiner Methode haben sich die Grundstrukturen und Satzmuster der neuen Sprache in Ihr Unterbewusstsein eingeschliffen. In einer konkreten Situation (zum Beispiel in dem Land Ihrer neuen Sprache, beim Anschauen eines Filmes und so weiter) werden diese Muster aktiviert.

Wenn Sie nun sprechen, wiederholen Sie nicht nur die Ihnen bekannten Sätze aus dem Sprachtraining, sondern Sie sind automatisch in der Lage, innerhalb der Ihnen vertrauten Muster einzelne Elemente nach Bedarf spontan zu variieren, also Ihre eigenen Sätze zu bilden. Das muss so laufen, weil Sie durch die gehirngerechte Lernmethode in die neue Sprache gewissermaßen „eintauchen". Das heißt: Sie lernen, in der neuen Sprache zu denken! Sie können alle Lernmaterialien verwenden, die Ihnen als Audiodatei vorliegen. Sprachkurse, Hörbücher, Videos, Lieder und so weiter.

Weitere Aktivitäten wie Lesen, Schreiben und Übersetzen

Wenn Sie sich mit Sprachen beschäftigen, denen das lateinische Alphabet zugrunde liegt, werden Sie ganz automatisch Schreiben und Lesen lernen. Schon allein durch die Nutzung der Lerninhalte. Schreiben wäre dann die

erste Fähigkeit, die Sie on top entwickeln können. Ich rate Ihnen sogar dazu, gezielt zu schreiben, denn erfahrungsgemäß benötigen Sie diese Fähigkeit in der neuen Sprache sowieso irgendwann.

Im Prinzip verwenden Sie die gleiche Technik wie beim Sprechen. Beschäftigen Sie sich mit dem fremdsprachigen Text. In unseren Kursen finden Sie diesen immer komplett abgedruckt, ohne Dekodierung. Schreiben Sie die Texte zunächst vom Buch ab und lassen Sie sich die Texte in einem zweiten Schritt von der CD oder Ihrem MP3 Player als „Diktat" vortragen (für Anfänger hervorragend geeignet in der langsamen Variante).

Ich dekodiere zudem leidenschaftlich neue Texte. Das hat den großen Vorteil, das ich immer wieder mit neuen, interessanten Inhalten konfrontiert bin und dadurch natürlich auch gleich neue Wörter schreibe. Denn ich schreibe vor der Dekodierung zuerst einmal den fremdsprachigen Text ab. Eine sehr gute Idee zum Vertiefen von Lese- und Schreibverständnis: Suchen Sie sich einen oder mehrere Sprachpartner in Ihrer Zielsprache. Das ist dank der heutigen Kommunikationsplattformen kein großer Aufwand mehr. Soziale Medien sind dafür genauso gut geeignet wie professionelle Plattformen. Anders als beim Sprechen bietet sich beim Schreiben zum Beispiel für Anfänger die Gelegenheit, den Text zu durchdenken. Vielleicht lässt sich ja der eine oder andere Sprachpartner auch dazu gewinnen, live ein Gespräch mit Ihnen zu führen.

Lesen und schreiben für die Lerntypen mit Schwerpunkt Handlung

Kapitel 8 – Sind Sie ein Sprachtalent? Nun, die Realität ist verhandelbar!

Was glauben Sie von sich selbst? Halten Sie sich für sprachtalentiert oder nehmen Sie eher das Gegenteil als gottgegeben hin? Nun, dann fangen Sie an die Realität zu verhandeln und glauben Sie doch, was Sie wirklich, wirklich, wirklich glauben wollen. Und eines dürfen Sie mir glauben – es macht einfach mehr Spaß, ein Sprachtalent zu sein, denn dann geht Sprachen lernen sehr viel leichter!

Meine Passion sind die kognitiven Neurowissenschaften, das Hinterfragen von Verhaltensmustern und die Integration von Lerninhalten. Aus Sicht der kognitiven Neurowissenschaften stellt sich mir tatsächlich immer die Frage, welches Verhalten unsere Gehirnaktivität in welcher Art beeinflusst.

In den letzten Jahren wurde ich immer wieder von Seminarteilnehmern oder Lesern meiner Bücher und Artikel auf diese Themen angesprochen. Viele finden es spannend, sich über unser Gehirn, das limbische System, das bewusste und unbewusste Lernen zu informieren. Aber sie fragen sich auch, was sie persönlich mit diesem Wissen anfangen können. Sie möchten ihre Reaktionsfähigkeit weiterentwickeln, die volle Kapazität ihres Gehirns nutzen, Verhaltensmuster ändern und so weiter – und sie fragen sich, wie das möglich ist. Sie wünschen sich konkrete und erprobte Handlungsanleitungen. Doch neben der reinen Anleitung ist das TUN immer der Schlüssel zur Veränderung, zur Integration von Lerninhalten und so weiter. Vergleichen Sie es mit Sport. Wenn Sie theoretisch wissen, wie Sie sich täglich 60 Minuten sportlich betätigen, ist das ja schön. Jetzt müssen Sie es eben TUN.

Nutzen Sie Ihre volle Power

Und genau so läuft das mit mentalen Trainings. Ich habe seit 2002 tatsächlich 108 Mental-Trainings publiziert. In allen diesen Trainings geht es stets um eine einzige Sache: die schnelle und nachhaltige Integration neuer Verhaltensmuster. Sie erhalten neben theoretischen Anweisungen auch gleich praktische Übungseinheiten. Doch die müssen Sie TUN.

Natürlich ist eines meiner Mental-Trainings dem Thema Sprachenlernen gewidmet. Fast alle meiner Kunden wissen, dass es grundsätzlich möglich ist, eine Sprache in wenigen Wochen zu lernen. Sie kennen unsere Produkte, sie vertrauen uns. Und trotzdem gibt es da oft massive Blockaden. Irgendetwas hindert sie, den Schritt zur Umsetzung zu machen. Und das ist natürlich nicht nur beim Sprachenlernen so, sondern auch beim Sport, bei der

Ernährung, bei den Finanzen und in vielen anderen Bereichen. Immer wieder das gleiche Spiel. Was ich Ihnen also nun zum Thema Sprachkompetenz präsentiere, ist in fast jedem Bereich Ihres Lebens wertvoll.

Schauen wir uns also den typischen Ablauf an. Wir möchten unbedingt eine neue Sprache lernen. Wir starten mit jeder Menge Enthusiasmus. Und dann nach ein paar Tagen oder Wochen bricht die anfängliche Begeisterung in sich zusammen. Warum? Ganz einfach, es hat sich in den meisten Fällen um einen Tagtraum gehandelt. Tagträume klingen so: „Ich würde ja dann schon mal Spanisch lernen. Und wenn schon, dann will ich natürlich auch fließend sprechen können."

Tagtraum oder Realität?

Ich habe einen der Eckpfeiler für mentale Leistungsfähigkeit bereits in Kapitel 3 angesprochen. Sie erinnern sich an die Spuren am Boden? Wieviel Aufmerksamkeit geben Sie ihnen? Je höher die Aufmerksamkeit, desto effektiver der Lernprozess. Spätestens, wenn Sie das hier sehen, sind Sie mit 100 Prozent Aufmerksamkeit bei der Sache.

Ein Mentaltraining ist zunächst ein sehr bewusster Prozess. Sie entscheiden sich zum Beispiel dafür, der Sprache, die Sie lernen, ein entsprechendes Maß an Aufmerksamkeit zu widmen. Erst nach dieser bewussten Entscheidung sind Sie in der Lage, unbewusste Prozesse zu aktivieren.

Und es geht noch weiter mit der bewussten Ebene. Entscheiden Sie sich wirklich für das Erlernen einer Sprache, gibt es spezifische Ziele, die innerhalb eines definierten Zeitrahmens zu erreichen sind. Und Sie binden dabei die neuesten Techniken ein, um tatsächlich zufriedenstellende Ergebnisse zu bekommen.

Sie haben das schon mehrmals probiert und es hat trotzdem nicht funktioniert? Wissen Sie was? Das glaube ich Ihnen aufs Wort. Bei mir war es nämlich ganz genauso. Nicht nur bei den Sprachen, auch beim Sport oder bei geschäftlichen und finanziellen Zielen, immer wieder das gleiche Spiel.

Wie sieht die erfolgreiche Umsetzung aus? Setzen Sie sich ein sehr genaues und messbares Ziel. Definieren Sie den Stichtag, an dem Sie das Ziel erreichen werden. Und dann nehmen Sie den Auftrag an. Keine Vorsätze mehr, nehmen Sie einfach den Auftrag an!

Und jetzt kommt das, was sie bisher vielleicht übersehen haben. Nach Abschluss des Auftrags holen Sie sich die Belohnung.

Vergleichen Sie das mit einem Auftrag in Ihrem Geschäft. Wenn Sie den wollen, dann schreiben Sie ein Angebot. Sie kalkulieren die Kosten, Sie definieren den zeitlichen Rahmen, Sie legen einen Aktionsplan fest, der Ihnen vorgibt, was bis wann zu tun ist, um den Auftrag letztendlich abzuschließen. Und Sie wissen, was Sie als Belohnung am Ende des Auftrages bekommen, richtig? Bei mir ist es so, dass ich kein Geld erhalte, wenn ich meinen Auftrag nicht ordnungsgemäß abwickle und erfülle. Wenn ich für einen Vortrag gebucht bin und nicht erscheine, bekomme ich ein Honorar? Wenn ich erscheine und völligen Blödsinn erzählen würde, bekomme ich ein Honorar?

Ich denke, der Unterschied ist klar. Nehmen wir also den Auftrag, Spanisch zu lernen, an, von Null bis zum Einsteigerniveau. Dann sieht das Ganze vielleicht so aus:

Der Auftrag	Spanisch-Basis in ___ Wochen / Monaten
Kosten	Wie viel Zeit investiere ich? Wie viel Geld investiere ich?
Umsetzung	Welche Technik setze ich ein? Welche Bücher, Lernmaterialien und/oder Sprach-Coaches nutze ich?
Mein Zeitplan	___ Tage / Wochen aktives Training ___ Tage / Wochen passives Training
Das Ergebnis	Ich werde mit _____ Vokabeln typische Alltagssituationen meistern
Mein Honorar	.... (Mit Honorar ist gemeint – was haben SIE davon?)

Nehmen Sie Ihren Auftrag an? Dann füllen Sie das Formular doch sofort aus

Ein kleiner Rückblick auf Kapitel 4. Sie stehen jetzt vor der Frage, wie lange Sie brauchen, um Ihre Wunschsprache fließend zu beherrschen? Sie wissen zwischenzeitlich, dass es möglich ist, in den meisten Sprachen innerhalb von zwei bis drei Monaten auf Level A2 bis A2+ (Anfänger bis leicht Fortgeschrittene – die Level nach dem CEFRL System finden Sie in Kapitel 4) aufzusteigen. Es gibt allerdings die zwei erwähnten Punkte zu berücksichtigen:

Punkt 1: Sie werden dieses Ergebnis nicht ohne Einsatz erreichen. Sie müssen Ihren Teil des Auftrages erfüllen, also Zeit investieren und Ihren Plan einhalten.

Punkt 2: Wenn es die erste Fremdsprache ist, die Sie lernen, gehen Sie bitte eher von Level A2 aus. Ich habe festgestellt, dass ich für meine erste Sprache – Englisch – länger benötigt habe, weil ich mich zunächst mit den Techniken auseinandersetzen musste. Sie haben es natürlich leichter, weil Sie in diesem Buch alles vorbereitet finden. Und trotzdem werden Sie anfänglich häufig überlegen, was Sie jetzt genau aktiv machen, was Sie passiv hören, wann und wie Sprechen trainiert wird usw., und diese Überlegungen kosten einfach Energie und Zeit.

Routine ist gut und wichtig

Hier noch eimal der Vergleich mit sportlichen Aktivitäten. Vielleicht haben Sie damit schon persönliche Erfahrungen gesammelt . Als ich angefangen habe, mein Gewicht zu reduzieren, bin ich 45 bis 60 Minuten pro Tag gelaufen. Das fand ich sehr anstrengend, es hat mich viel Überwindung gekostet und ich brauchte ungefähr drei Monate, um eine Routine zu entwickeln. Als ich dann ein halbes Jahr später mit dem Fahrradfahren begann, war ich nach knapp vier Wochen in einer Routine. Es war zwar eine andere Bewegung, aber ich wusste schon sehr genau, was auf mich zukommen wird, wie es sich anfühlen würde und so weiter. Ähnlich ist es, wenn Sie zum Beispiel erst Englisch und dann Italienisch lernen.

Wenn Sie die Stufe A2 oder A2+ in zwei bis drei Monaten anstreben, werden Sie auf dem Weg dorthin eine Menge Erfolgserlebnisse genießen. Und Sie werden auch feststellen, was Ihre bevorzugten Lernmethoden sind.

Ganz unabhängig von den Methoden wird das Projekt eine hohe Konzentration und Aufmerksamkeit verlangen. Und wenn Sie es wirklich ernst meinen, werden Sie die Zeit aufbringen. Eine Sprache wird letztendlich in Stunden gelernt, nicht in Monaten oder Jahren. Es geht nicht um die seit dem Start Ihres Projektes verstrichene Zeit, es geht ausschließlich um die Zeit, die Sie sich voll konzentriert Ihrem Auftrag – dem Lernen der Sprache – widmen. Ich empfehle Ihnen an dieser Stelle auch, das Erlernen der Sprache in kleinere Projektabschnitte zu unterteilen. Warum? Weil wir wissen, dass der Abschluss einer Trainingseinheit sehr gute Gefühle vermittelt. Nehmen wir unseren Einsteiger-Sprachkurs. Sie finden als Anfänger in der Sprache drei Einheiten. Einheit eins ist das 0,0-Training für absolute Anfänger. Einheit zwei verfügt über 10 Kapitel und bringt Sie auf das Level A1, die dritte Einheit mit ebenfalls 10 Kapiteln bringt Sie auf Level A2 bis A2+. Auf der nächsten Seite finden Sie ein Beispiel für Ihr persönliches Auftragsformular „Spanisch lernen".

Planen Sie Ihr Projekt in kleinen Schritten

Der Auftrag Teilziel 1	Spanisch-Basis in ___ Wochen / Monaten _________________________________
Kosten	Wie viel Zeit investiere ich? Wie viel Geld investiere ich?
Umsetzung	Welche Technik setze ich ein? Welche Bücher, Lernmaterialien und/oder Sprach-Coaches nutze ich?
Mein Zeitplan	___ Tage / Wochen aktives Training ___ Tage / Wochen passives Training
Das Ergebnis	Ich werde mit _____ Vokabeln typische Alltagssituationen meistern
Mein Honorar	....

Der Auftrag Teilziel 2	Spanisch-Basis in ___ Wochen / Monaten _________________________________
Kosten	Wie viel Zeit investiere ich? Wie viel Geld investiere ich?
Umsetzung	Welche Technik setze ich ein? Welche Bücher, Lernmaterialien und/oder Sprach-Coaches nutze ich?

und so weiter ...

Eine zeitliche Unterteilung könnte – am Beispiel eines meiner Sprachtrainings für Einsteiger – so aussehen:

- **Ein bis zwei Wochen** Einsatz für das 0,0-Training
- **Drei bis fünf Wochen** Einsatz für Kapitel 1 bis 10
- **Drei bis fünf Wochen** Einsatz für Kapitel 11 bis 20

Was fällt Ihnen auf? Die erste Entscheidung treffen Sie für zwei Wochen Training. Das ist überschaubar, richtig? Und das Beste: Bereits nach zwei Wochen haben Sie einen ersten Lernabschnitt abgeschlossen. Ja, Sie können einen Haken hinter das 0,0-Training machen. Nach weiteren drei, vier oder fünf Wochen haben Sie den zweiten Lernabschnitt abgeschlossen. Die Unterteilung in kleinere Zwischenziele macht den Auftrag überschaubar. Sie haben immer wieder Erfolgserlebnisse und gehen motiviert in den nächsten „Teilauftrag".

Ihre Entscheidung ist überschaubar

Sehr wichtig: Sie entscheiden sich für eine Gesamtlernzeit von 8 bis 12 Wochen. Warum ist das so wichtig? Weil ich festgestellt habe, dass diese Zeitspanne (unterteilt in drei Zwischenziele) sehr realistisch ist, um das in den Bereichen A2 / A2+ definierte Ziel zu erreichen. Zum anderen handelt es sich um eine sehr überschaubare Zeitspanne. Wir haben hunderte von Kunden, die mir persönlich von ihren früheren Versuchen berichtet haben. Und fast ausnahmslos war eines der größten Probleme, dass sie versucht haben, den gewünschten Lernfortschritt in drei oder mehr Jahren zu erreichen. Gerade in den deutschen Abendschulen und auch in den meisten Business-Trainings der unteren Level werden zwei bis drei Jahre als realistisch angesetzt.

Meiner Erfahrung nach schafft es aber fast niemand, seine Motivation über so einen Zeitraum aufrechtzuerhalten. Schon gar nicht, wenn die ers-

Keine Erfolge, keine Motiviation

ten zwei bis drei Monate so gut wie nichts passiert. Kein Erfolgserlebnis, keine Motivation. Wir sind als Menschen da nun einmal sehr einfach gestrickt. Wir brauchen schnell etwas, auf das wir stolz sein können.

Wenn Sie sich zum Start Ihres Projekts vergegenwärtigen, dass es sich um einen in genau acht Wochen abzuwickelnden Auftrag handelt, wird das Konzept transparenter. Konzentration und Fokussierung fallen leichter, die Bedeutung der Entscheidung ist klar. Worauf es ankommt, ist die konkrete Festlegung auf ein Ziel und den Zeitraum, in dem es erreicht werden muss. Das diszipliniert viel mehr als die vage Idee, innerhalb eines Jahres eine Sprache zu lernen und dann irgendwann flüssig zu sprechen. Wer im Ungefähren bleibt, der tut meist zu wenig oder gar nichts. Das ist genauso wie mit dem Vorsatz, an einem Tag in der nächsten Woche die Steuererklärung zu erledigen. Die Woche hat sieben Tage, aber welcher davon ist der eine Tag? Wer dagegen den Dienstag für die unangenehme Arbeit festlegt, der macht sie voraussichtlich am Dienstag!

Und damit steigen wir in das „GEWUSST WIE" ein. Wir machen einen Ausflug in die Neurobiologie. Die Überschrift für diesen Ausflug lautet:

Entscheidung für den Wandel – statt Wandel als Reaktion

Was im ersten Moment ein klein wenig philosophisch klingt, wird schnell durchschaubar. Menschen scheuen vor Veränderungen und Lernprozessen so lange zurück, bis die Lage so schlimm und unangenehm wird, dass sie einfach nicht mehr so weitermachen können wie bisher. Es gibt dafür einen treffenden Ausdruck, die „von weg"-Motivation. In unseren Trainings mache ich es dann noch ein bisschen deutlicher. Menschen bewegen sich oft erst dann, wenn das Feuer „unter dem Hintern" schon so heiß ist, dass sie es nicht mehr aushalten. Ob wir das als „von weg"-Motivation im Sinne des

Coachings oder mit „Wandel als Reaktion" im Sinne der Neurobiologie bezeichnen, ist egal. Fakt ist: Wir reden hier über einen Zustand, der uns häufig massiv bremst. Wir kommen nicht weiter, ärgern uns vielleicht sogar über uns selbst und finden irgendwie keinen Weg, uns selbst zu motivieren. Wir wollen etwas, aber wir kommen nicht in die Umsetzung. Wir möchten WIRKLICH italienisch lernen, aber wir schaffen es nicht, 3 x 10 Minuten pro Tag dafür zu investieren. Nachdem wir alle von diesem Problem in der einen oder anderen Form betroffen sind, widme ich der Lösung dieses Kapitel!

GlückReich steht auch für glücklich und erfolgreich lernen

Und mit dieser Beschreibung eines typischen Lern „Problems" möchte ich Sie in der Welt von GlückReich® willkommen heißen. Sie wissen, meine große Leidenschaft ist das Lernen. Und das Lernen von neuen Verhaltensmustern ist einer der spannendsten Lernprozesse überhaupt. Für mich persönlich sogar noch spannender, als eine neue Sprache zu erlernen.

Wenn wir uns für Italienisch entscheiden, den Lernprozess dann einfach innerhalb von drei Monaten durchziehen und dann fließend sprechen könnten, wie würden wir uns fühlen? Glücklich und erfolgreich? Ja, vermutlich. Und glücklich und erfolgreich zu leben, ist für die meisten von uns ein großes Ziel. Vielleicht sogar DAS große Ziel. Und auch wenn Glück und Erfolg für jeden Menschen etwas anderes sein mögen, so ist doch ein gemeinsamer Nenner die körperlich-geistige Balance und Gesundheit.

Und genau um diesen Ansatz geht es bei GlückReich®. Aus Sicht der Gehirnforschung entsteht diese körperlich-geistige Balance immer dann, wenn unbewusste Motive bewusst wahrgenommen werden. Denn nur wenn wir unsere unbewussten Motive erkennen, können wir sie mit unseren bewussten Zielen in Verbindung bringen. Das funktioniert in einigen Lebensbereichen ganz automatisch. In genau diesen Bereichen sind wir ohne scheinbare Anstrengung glücklich und erfolgreich. In anderen Lebensbereichen hingegen fühlen wir uns wie bei einem Kampf gegen Windmühlen. Wir möchten gesünder leben, uns intensiver um unsere Finanzen kümmern, eine erfüllende Partnerschaft leben, eine neue Sprache lernen – doch wir können das nicht realisieren. Ein Teilbereich unseres Lebens ist in Disbalance. Erst in der Erkenntnis der unbewussten Motive ist es möglich, unser eigenes Verhalten zu verstehen – und dann zu verändern. Das ist der Prozess der „Selbsterkenntnis". Die GlückReich® Mental Trainings* bieten Ihnen die Möglichkeit, sich selbst zu reflektieren. Und genau das ist auch die Basis meines Mental Trainings im Bereich Sprachen lernen. Erkennen und verstehen Sie die wichtigste Person in Ihrem Leben besser – sich selbst. Warum tun Sie etwas und warum tun Sie etwas nicht? Wenn Sie diesen Lifestyle wirklich, wirklich, wirklich umsetzen, werden Sie ganz automatisch glücklicher und erfolgreicher leben.

Motive und Ziele

Doch wie sieht die Synchronisation von unbewussten Motiven und bewussten Zielen denn aus? Wie funktioniert das Ganze? Wenn Sie etwas wirklich, wirklich, wirklich wollen, haben Sie eine gute Chance, es zu erreichen. Wenn Sie dagegen von einem einfachen Wunsch angetrieben werden, ist die Kraft dahinter schwach. Häufig werden Sie schwache „Wünsche" nicht umsetzen. Und da sind wir auch schon bei der Idee des mentalen Trainings. Wenn Sie ein starkes unbewusstes Motiv besitzen – zum Beispiel durch eine kindliche Prägung – und genau dieses Motiv auch bewusst als Ziel verfolgen, sind Glaube und Wille synchronisiert. Die Chance auf Umsetzung ist dann sehr, sehr hoch. Und doch ist das meistens ein Zufallstreffer. Sicher kennen Sie den Begriff Mentaltraining aus dem Sport, vielleicht auch aus der Medizin. Und natürlich nutzt jeder von uns seine mentalen Fähigkeiten – Tag für Tag. Die Frage ist nur, wie können wir diese stille und gewaltige Kraft unseres Lebens nachhaltig trainieren? Wie lassen sich Glaube und Wille gezielt synchronisieren?

* Weiterführende Informationen zu meinen Mentaltrainings finden Sie in Kapitel 9.

Die Strategie ist entscheidend – wissen Sie, was Sie tun!

Unsere mentale Power ist vergleichbar mit unserer körperlichen Kraft. Zwischen einem unbeweglichen und kranken Menschen und dem olympischen Hochleistungssportler liegen viele mögliche Leistungsstufen. Auf welcher Leistungsstufe möchten Sie sich bewegen und was sind Sie bereit, dafür zu tun? Die Erfolge von Mentaltrainings kommen genau wie beim körperlichen Training einzig und allein aus dem TUN. Wenn Sie also schon etwas „tun", dann stellt sich die Frage nach dem Werkzeug. Sie können barfuss im Winter zu joggen beginnen. Dann werden Sie ziemlich sicher schnell voller Frust (und halb erfroren) das Training beenden.

Sie hören auf und stellen fest, dass körperliches Training nichts für Sie ist. Hätten Sie einen Trainer, die richtige Bekleidung und eine passende Strategie gewählt, wären Sie eventuell weitergelaufen. Sicher ein etwas überzogenes Bild und doch sehr real für die Szene des Mentaltrainings. Für effektives Mentaltraining braucht es die richtige Begleitung, eine passende Strategie und auch das Wissen über die eigene Leistungsstufe. Wenn Sie ein einziges Buch lesen und im Anschluss glauben, Ihr Leben mit der Kraft Ihrer Gedanken vollkommen zu verändern, werden Sie voraussichtlich scheitern. Sie werden vielleicht sogar beschließen, dass Mentaltraining nicht funktioniert.

Welche Strategie verfolgen Sie?

Dabei hätten Sie einfach nur die richtigen Werkzeuge benötigt. Sie hätten sich darüber klar werden können, dass sich 30 Kilo geistiges Übergewicht nicht mit dreimal „mental laufen" auflösen lassen. Mentales Training ist tatsächlich ein lebenslanger Prozess. Es ist ein Prozess der positiven und negativen Gedanken, der guten und schlechten Gefühle. Und es wird Sie genauso lange begleiten wie Ihr körperliches Training. Ich würde an dieser Stelle behaupten – es wird Sie den Rest Ihres Lebens begleiten. Ich darf Ihnen bahnbrechende Ergebnisse garantieren – wenn SIE es TUN!

Machen wir es ein klein wenig verständlicher und zitieren dazu Henry Ford: „Ob Sie nun denken, Sie können etwas, oder ob Sie denken, Sie können etwas nicht – Sie haben recht."

Sie verhandeln täglich Ihre Realität, auch wenn Sie es nicht bewusst bemerken. Sie haben unendlich viele Möglichkeiten zur Auswahl. Wir werden gleich Schritt für Schritt in die praktische Umsetzung des theoretischen Ansatzes gehen.

In den vielen Jahren meiner Tätigkeit als Coach und Mentaltrainer habe ich etwas gelernt, was ich in allen meinen Seminaren, in allen Mentaltrainings und natürlich auch in all meinen Büchern immer wieder anbringe:

Die Relität ist verhandelbar

Gedanken und Gefühle müssen synchronisiert werden

Ganz praktisch heißt das: Gefühle stehen für das, was Sie glauben und was Sie bewegt. Gedanken stehen für das, was Sie sich bewusst und kognitiv wünschen. Und wenn diese beiden Bereiche nicht aufeinander abgestimmt sind, wird es chaotisch. Und ich gehe einen Schritt weiter: Das Gefühl gewinnt so gut wie immer. Auch das ist einfach erklärt. Das Gefühl entsteht auf der unbewussten Ebene. Gefühle haben eine fast unglaubliche Kraft und diese Kraft können Sie mit einer bewussten Entscheidung nicht überwinden. Rechts sehen Sie das sogenannte Eisberg-Modell. Es wird seit Jahrzehnten bemüht, wenn es um die Darstellung von Bewusstsein und Unterbewusstsein geht. Es lässt sich wirklich hervorragend erkennen, dass der Glaube einen Menschen „steuert". Der untere Teil des Eisberges, der große und mächtige Teil, umfasst ca. 9/10. Die Spitze hat einen Anteil von nur 1/10. Sie befindet sich zwar über Wasser und ist sichtbar, doch sie bewegt sich natürlich automatisch dorthin, wohin der mächtigere unsichtbare Teil treibt.

Mit den Worten von Henry Ford: Wenn Sie glauben, dass Sie nicht talentiert genug sind, eine weitere Sprache zu lernen, können Sie sich das bewusst so sehr wünschen, wie Sie möchten. Sie werden beim Lernen immer wieder auf unlösbare Herausforderungen stoßen und selbst die besten Techniken aller Zeiten bringen Ihnen nur einen marginalen Erfolg. Wieso glauben (fühlen) Sie eine solche Nichtbegabung? In der Regel aufgrund von Erfahrungen. Jahrelanges Pauken in der Schule hat zu schlechten Ergebnissen und schlechten Gefühlen geführt. Sie wissen nicht nur, dass Sie versagt haben, Sie FÜHLEN es auch noch. Gefühle kennen keine zeitliche Zuordnung. Wenn Sie sich mit 9 Jahren in der Schule in Grund und Boden geschämt haben, weil Sie im Englischunterricht vorne an der Tafel vollständig versagt haben, fühlen Sie diese Scham mit 41 Jahren immer noch. Der Grund dafür, formuliert analog zum Eisbergmodell, lautet: Der mächtigere Teil Ihres Wesens treibt Sie an der neuen Sprache vorbei.

Und damit kommen wir auch gleich zum nächsten Schritt der praktischen Umsetzung Ihres Sprachprojekts. 2003 bin ich das erste Mal auf die Herzraten-Variabilitäts-Messung* aufmerksam geworden. Wir setzen diese Form von Biofeedback mit unseren Klienten im Coaching ein.

Nutzen Sie Ihre unbewusste Macht

Über die bildhafte Darstellung der sogenannten Herz-Kohärenz lässt sich aufzeigen, ob der Nutzer entspannt oder angespannt ist. Als ich 2003 mit dem System zu arbeiten begann, waren die Forschungen noch auf die reine Darstellung von Anspannung und Entspannung des menschlichen Körpers beschränkt, heute können körperliche Reaktionen sehr detailliert aufgezeigt werden. Ich nutze die HRV-Messung in der Entwicklung des neoos®. Mit dieser einfachen Methode kann ich Frequenzen und Trainingsinhalte in der Wirkung prüfen. Es läst sich deutlich nachweisen, wie die Nutzung des neoos® innerhalb von 8 bis 12 Minuten zu einer deutlichen, körperlichen Entspannung führt, genauso wie ich das mit einer EEG Messung zeigen kann. Die

* Als Herzfrequenzvariabilität (englisch heart rate variability, HRV) wird die Fähigkeit eines Organismus (Mensch, Säugetier) bezeichnet, die Frequenz des Herzrhythmus zu verändern. Auch im Ruhezustand treten spontan Veränderungen des zeitlichen Abstandes zwischen zwei Herzschlägen auf.

Über autonome physiologische Regulationswege passt ein gesunder Organismus die Herzschlagrate beständig den momentanen Erfordernissen an. Körperliche Beanspruchung oder psychische Belastung hat deswegen in der Regel eine Erhöhung der Herzfrequenz zur Folge, die bei Entlastung und Entspannung normalerweise wieder zurückgeht. Dabei zeigt sich eine höhere Anpassungsfähigkeit an Belastungen in einer größeren Variabilität der Herzfrequenz. Unter chronischer Stressbelastung ist beides dagegen wegen der beständig hohen Anspannung, die dafür typisch ist, mehr oder weniger eingeschränkt und infolgedessen reduziert.

HRV-Messung genießt gegenüber vielen anderen Messmethoden einen großen Vorteil: Sie ist wissenschaftlich valide und sehr aussagekräftig.

In den letzten Jahren wurde die HRV-Messung immer weiter perfektioniert und in unzähligen Studienreihen über die Auswirkung von Körper- und Geist-Koordination eingesetzt. Eine außergewöhnliche Studie hat der Zellbiologe Glen Rein Ph.D. erstellt. Er testete in einer Versuchsreihe, inwieweit ein Mensch in der Lage ist, biologische Systeme durch Gedanken und Gefühle zu beeinflussen. Die Idee dazu entstand auf der Basis der aktuellen Erkenntnisse aus der Quantenphysik. Es sollte ein Beweis für den sogenannten „Beobachter-Effekt" erbracht werden. Dieser Effekt beschreibt, dass ein Mensch durch Aufmerksamkeit materielle Zustände verändern kann. In der Studie ging es um die Frage, ob ein Mensch durch Synchronisation von Denken und Fühlen eine Veränderung an einer DNS-Probe herbeiführen kann, die er in der Hand hält.

Ihr Herz zeigt „Ihre" Realität

Zunächst wurde eine Gruppe von zehn Personen untersucht, die sich mit den Methoden zum Aufbau der Herzkohärenz gut auskannten, sie hatten bereits mehrere Jahre kontinuierliches Biofeedback-Training mit einem HRV-System hinter sich. Diese Techniken dienen dazu, den Zustand des eigenen Körpers bewusst und unbewusst zu verändern*. Dafür generierten die Testpersonen starke und erhebende Gefühle, wie zum Beispiel Liebe und Wertschätzung. Mit diesen Gefühlen – immer über eine EMV-Messung begleitet – hielten Sie dann für zwei Minuten Glasröhrchen mit DNA-Pro-

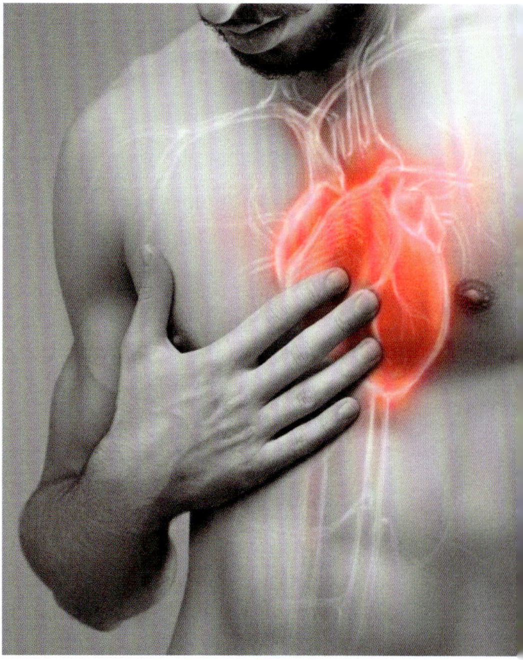

ben in ihren Händen. Bei der anschließenden Analyse der Proben zeigten sich keine signifikanten Änderungen an den Proben.

Die Mitglieder der zweiten Gruppe erzeugten nicht nur ein Gefühl, sondern gleichzeitig eine Absicht (Gedanken). Sie bauten die Empfindung von Liebe oder Wertschätzung genau wie die erste Gruppe als Gefühl auf, konzentrierten sich dann aber gleichzeitig auf das Thema und lenkten ihre Gedanken bewusst auf die DNA-Probe. Sie beeinflussten also sowohl ihre Gedanken als auch ihre Gefühle ganz bewusst. Bei dieser Gruppe konnten statistisch signifikante Änderungen an den DNA-Proben festgestellt werden.

Die dritte Gruppe sollte sich nur darauf fokussieren, die DNA zu verändern, ohne bewusst in einen emotionalen Zustand zu gehen. Sie arbeitete also lediglich mit Gedanken (Absicht), um die Materie zu beeinflussen. Das Ergebnis war genauso wie das der ersten Gruppe. Es gab keine signifikanten Änderungen an den DNA-Proben.

Gedanken und Gefühle in Übereinstimmung

Ergo: Nur wenn die Teilnehmer erhebende Gefühle und klare Ziele aufeinander abstimmten, konnten Veränderungen in den DNA-Proben festgestellt werden.

Und damit kommen wir zur Umsetzung der Theorie in Ihren Alltag. Ein absichtsvoller Gedanke (ja, ich möchte italienisch lernen) braucht einen Energiespender – und das ist eine erhebende Emotion (was genau fühlen Sie, wenn Sie Italienisch lernen? Sehen Sie Ihre große Liebe vor sich, die zufälligerweise nur Italienisch spricht? Sehen Sie sich in Rom, wie Sie in der Stadt Ihrer Träume leben?).

* Wenn Sie sich für solche und ähnliche Techniken interessieren, besuchen Sie gerne unsere Website www.glueckreich.de. Dort dreht sich alles um Mental-Training und Coaching. *Quelle: Dr. Joe Dispenza, Ein neues Ich, Koha Verlag, ISBN 978-3-86728-196-6*

Sobald wir beides verbinden – Emotion und Absicht – arbeiten Herz und Geist zusammen. Wenn Herz und Geist zusammenarbeiten, sind Gedanken und Gefühle ausgerichtet und Sie befinden sich in einem sogenannten kohärenten Zustand. Wenn ein Solcher-Zustand innerhalb von zwei Minuten DNA-Proben verändern kann, was sagt das über unsere Fähigkeiten aus, die Realität an unsere Bedürfnisse anzupassen? Wenn Sie dieses Thema anfangen zu durchdenken, fällt Ihnen sicher nicht nur die Fremdsprache ein, die Sie lernen möchten. Ihre Aufgabe ist also einfach: Denken und fühlen Sie die neue Sprache und alles, was Sie durch diese neue Fähigkeit erwarten dürfen.

Denken = Ja, ich entscheide mich dafür, diese Sprache zu beherrschen, ich weiß, ich KANN diese Sprache lernen, ich SCHAFFE es

Fühlen = ein großer Traum geht mit dieser Sprache für mich in Erfüllung

Und wo ist der Haken?

Aber Sie ahnen es vielleicht schon, es gibt schon wieder einen Haken bei dieser tollen Nummer. Möglicherweise haben Sie über Monate, Jahre oder Jahrzehnte hinweg Gedanken und Gefühle mit einer bestimmten Sache verbunden. Nehmen wir mal mein Beispiel, konkret den Start in den Englisch-Unterricht in der fünften Klasse. Ich erlebte rasch einen leichten bis mittelschweren Tiefschlag, als ich eines Tages – leider unvorbereitet – in den Unterricht kam und mein Lehrer mich an die Tafel holte. Ich sollte eine Aufgabe lösen und hatte keinen Plan. Zum einen verstand ich nicht, was er von mir wollte, und zum anderen hatte ich nichts gelernt. Ich war in der Schule wohl eher so der „gechillte Typ", wie es meine Tochter heute ausdrücken würde. Am Mundwerk aber fehlte es mir schon damals nicht, also dachte ich mir, dass ich mit einem lockeren Spruch aus der Nummer aussteigen könnte. Leider weit gefehlt, denn vermutlich hatte mein damaliger Lehrer auch noch ein mieses Wochenende hinter sich. Jedenfalls machte er mich zur Schnecke und versicherte mir äußerst glaubhaft, dass ich das mit dem Englisch nie kapieren würde. Am liebsten wäre ich im Boden versunken, denn das Gefühl, als Vollidiot vor der Klasse zu stehen, war nicht wirklich angenehm.

Von diesem Moment an hatte ich beim Thema Englisch immer das Gefühl, ein totaler Versager zu sein. Und das hat sich mit jedem Versuch, Englisch zu sprechen, verstärkt.

Und obwohl ich mich nach dem Kontakt mit Vera F. Birkenbihl auf der Ebene des Denkens klar mit meiner Fähigkeit des Fremdsprachen Lernens arrangiert hatte, funktionierte es trotzdem nicht auf Anhieb. Ich habe mich mit Lerntechniken beschäftigt, ich habe passiv gehört und trotzdem ging nichts weiter. Bis ich dann 2003 bei einem Mentaltraining auf die Idee kam, meine Gefühle in Bezug auf das Sprachenlernen zu analysieren.

Damit hatte ich den Schlüssel zu einer Veränderung gefunden. Denn das, was ich Ihnen bereits theoretisch vermittelt habe, lässt sich ganz einfach zusammenfassen: **Wandel erfordert Kohärenz – Gedanken und Gefühle müssen aufeinander abgestimmt sein!**

Um einen Wandel zu erzielen (Wandlung von „ich bin der Sprachversager" zu „ich kann natürlich eine zweite Sprache lernen") ist es notwendig, ein neues Ergebnis mit einer neuen Denkweise zu verbinden. Mir war zwar klar, mit bestimmten Techniken Englisch lernen zu können. Das hatte aber noch nicht genügt, auch meine Gefühle von diesem neuen Weg zu überzeugen. Zu diesem Zeitpunkt hatten schon hunderte von Menschen mit meinen Kursen und dem damaligen Vorläufer des neoos® erfolgreich Sprachen gelernt. Nur ich konnte immer noch kein Englisch.

Was war das Problem? Ich konnte es einfach noch nicht fühlen. Daher hat mir die Mächtigkeit „meines Eisbergs" unter der Wasseroberfläche immer wieder einen Strich durch die Rechnung gemacht. Einmal hatte ich keine Zeit, dann musste ich mich ja so sehr um den Aufbau unserer KOSYS-Akademie kümmern, dann hatte ich ein Buch zu schreiben, dann kam die technische Entwicklung einer neuen neoos®-Generation und so weiter.

Es ist wirklich erstaunlich, zu welchen Hindernissen das Unterbewusstsein eines Menschen fähig ist. Wenn ich das mit ein paar Jahren Abstand betrachte, ist es fast schon lustig.

Um schnell und nachhaltig Erfolg in einer Sache zu erzielen, ist es neben einem festen Willen zwingend nötig, das neue Ergebnis zu fühlen. Gedanken und Gefühle MÜSSEN kohärent verbunden werden. Wir erschaffen einen neuen Geisteszustand – JA, ich will WIRKLICH, WIRKLICH, WIRKLICH Italienisch lernen. Aus diesem neuen Geisteszustand heraus FÜHLEN wir dann schon das neue RESULTAT (JA, ich spreche bereits fließend Italienisch – „Parlo italiano scorrivole").

Willensstärke PLUS Gefühl

Den Begriff „kohärent" schauen wir uns gleich noch etwas genauer an. Es geht darum, eine passende „Ausstrahlung" für die potentielle Realität aufzubauen. Wir haben das Potential, Italienisch zu sprechen. Jetzt geht es darum, dieses Potential zu denken und zu fühlen. Sobald wir diese Ausstrahlung erzeugen, werden wir von der potentiellen Realität angezogen

Welche Realität erschaffen ich?

und wir ziehen die Realität an. Ich drücke es ein bisschen einfacher und pragmatischer aus. Halten Sie es für möglich, Ihre Wunschsprache fließend zu sprechen? Wenn ja, ist das eine potentielle Realität. Die Frage ist: Warum sprechen Sie die Sprache dann noch nicht?

Ganz einfach, es ist bisher nur ein Potential. Sie haben entweder noch nichts dafür getan oder Sie haben nicht das Richtige getan. Auf jeden Fall haben Sie Gedanken und Gefühle bisher noch nicht aufeinander abgestimmt. Letzteres aber ist unabdingbar, denn jeder Wandel erfordert Kohärenz.

In den Abbildungen sehen Sie kohärente und inkohärente Wellen. Bewusst und unbewusst kohärent (übereinstimmend) bedeutet das: Sie denken „JA, ich WILL Italienisch lernen" und Sie „fühlen" sich so, als sprächen

Kohärente Wellen – es läuft wie geschmiert

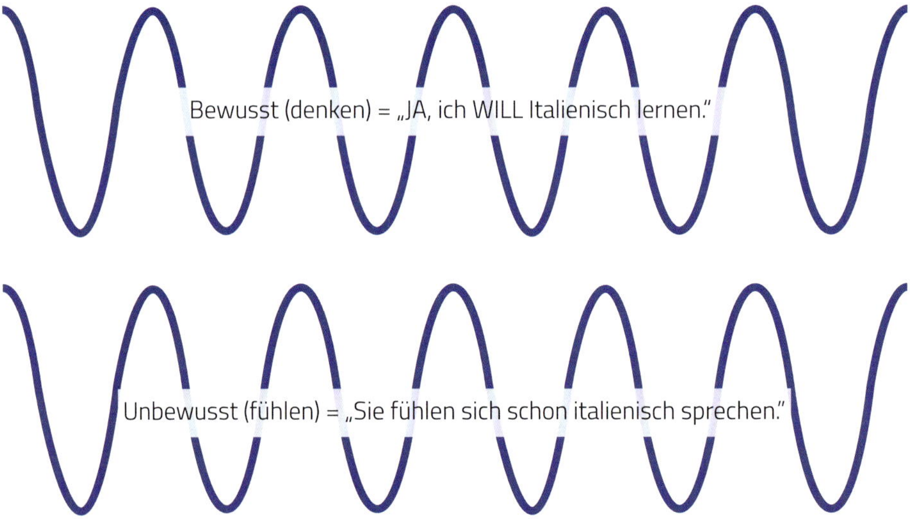

Sie bereits Italienisch. Das Gegenteil – bewusst und unbewusst inkohärent – würde es folgendes bedeuten: Sie denken „ja, ich WILL Italienisch lernen" und Sie „fühlen" genau, dass es nicht klappen wird, dass Sie nicht in der Lage sein werden, die Sprache zu lernen.

Wie oft haben Sie schon etwas probiert, was Sie vom Kopf her für möglich gehalten haben, was Sie aber tief in sich nicht fühlen konnten? Was war das Ergebnis der Inkohärenz?

Eine Kohärenz aus DENKEN und FÜHLEN ermöglicht dagegen eine effektive Zielerreichung. Wenn Gedanken und Gefühle aufeinander abgestimmt sind, wird Ihr Fokus stärker. Sie werden Ihre neue Realität erleben, Sie haben Ihre Realität verhandelt. Damit haben wir den theoretischen Teil auch schon abschlossen. Starten wir in die Praxis.

Inkohärente Wellen – es funktioniert einfach nicht

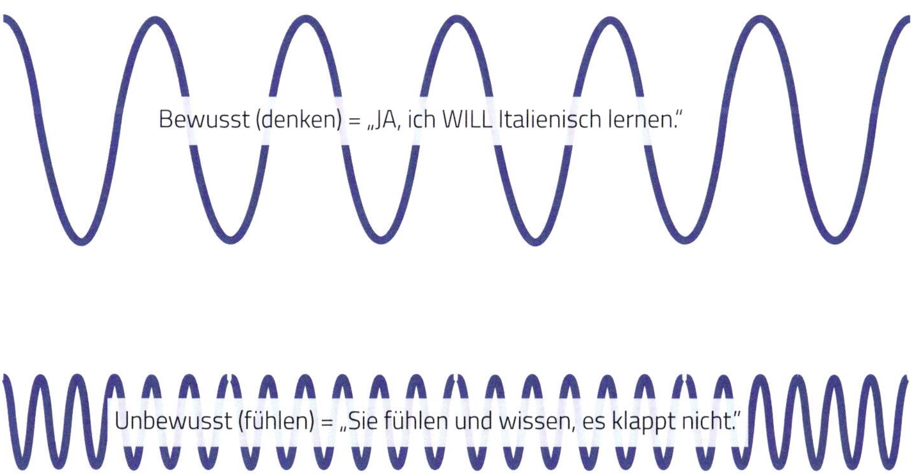

Frau Reinberger, Sie sind eine Kommunikationshandwerkerin. Was genau dürfen wir uns darunter vorstellen?

Handwerk hat ja bekanntlich goldenen Boden und um es mit Watzlawicks Worten zu sagen: „Man kann nicht, nicht kommunizieren." Wir leben im Wissenszeitalter und Kommunikation ist für mich das Werkzeug für Wissenstransfer. „Wissen ist eine Ressource, die sich durch Teilen vermehrt" um es mit den Worten von Marie von Ebner Eschenbach zu sagen. Als Handwerkerin bezeichne ich mich, da ich sehr pragmatisch bin und für mich nur Lösungen, die in der Praxis sinnvoll, also zukunftsfähig sind, in Frage kommen.

Sie arbeiten ja unter anderem mit interkulturellen Teams. Wo liegen da die größten Herausforderungen?

Eine wertschätzende Art der Kommunikation zu finden, ist der Schlüssel, um die Stärken der verschiedenen Kulturen zu einem Team zu verschmelzen. Es ist ein bisschen, wie in einem Orchester, jeder für sich ist in seinem Instrument perfekt, aber alle zusammen machen das Musikerlebnis. Nehmen wir das DACH (Deutschland, Austria, Schweiz) sachlich, faktisch betrachtet, sprechen alle 3 Nationen deutsch. Im ersten Moment stimmt das, aber auf den zweiten Blick, macht eben der Ton die Musik.

Will heißen, dass der kulturelle Unterschied im Sprachrhythmus liegt. Im Rhythmus offenbart sich die Haltung, mit der die Mentalitäten durchs Leben gehen.

Er entsteht durch Tempo, Höhen und Tiefen und dies wiederum sind Frequenzen. Es geht darum auf der gleichen Wellenlänge zu sein. Kurz gesagt, um jemanden zum Tanz aufzufordern, braucht es ein Gespür für den opportunen Moment, Taktgefühl und das entsprechende Tempo in der Bewegung. Dann wird aus Singular Plural. Das führt zu einer wertschätzenden Kommunikationskultur.

Sie haben ja selbst mit dem neoos® Ihr Englisch auf Vordermann gebracht. Möchten Sie uns kurz berichten, wie das abgelaufen ist und zu welchem Ergebnis Sie gekommen sind?

Vera F. Birkenbihl durfte ich in den 90ern live erleben und ihre Idee vom passiv lernen ist mir geblieben. Als es darum ging mein Englisch aufzufrischen, kam sie mir als erstes in den Sinn. Ich begann zu recherchieren, stiess auf den neoos® und voilà, da war ich auch schon mittendrin, in einer mir sehr vertrauten Welt des Lernens. Gehirngerechtes Lernen ist für mich etwas ganz selbstverständliches und fester Bestandteil meiner Arbeit in Unternehmen.

Ich bin aktiv in der Akademie für neurowissenschaftliches Bildungsmanagement und mache gerade meinen Master in „cognitive Neuroscience". Hirngerechtes Lernen wird in Zukunft in sämtlichen Bereichen Einzug halten. Da lag es natürlich nahe, mich für KOSYS als Lernpartner zu entscheiden.

Mit 20 Minuten bewussten Lerneinheiten pro Tag und dem passiven Lernen mit dem neoos® hatte ich schnell Erfolgserlebnisse. Die zwei Tage Intensivtraining mit dem KOSYS Sprachtrainer erlebte ich mit großem Spass. Das Ergebnis: Ich denke in Englisch und formuliere fliessend mit den Wörtern, die ich bereits in meinem Sprachschatz installiert habe.

Warum haben Sie Englisch gelernt?

Mein Wirkungskreis wird immer internationaler, Kommunikation und somit natürlich die Sprache ist der Schlüssel für eine gute Zusammenarbeit. Sprache ist ein wichtiger Bestandteil, um Menschen in ihrer Wirklichkeit zu begegnen und sie dann in meine Wirklichkeit einzuladen. Da ist es für mich ganz klar, dass ich mein Englisch entsprechend professionalisiere, um meinen Gesprächspartnern ein qualitativ hochwertiges Gegenüber zu sein.

Für eine Sprache offen zu sein, beinhaltet auch eine gewisse Neugier für den kulturellen Part. Menschen schätzen es sehr, wenn wir uns ehrlich für sie interessieren. Menschen können großes miteinander bewegen, wenn sie sich gut verstehen, da spielt die reibungslose Verständigung eine Schlüsselrolle.

Welche weitere Sprache würden Sie gerne beherrschen und warum?

Da wir in der Schweiz mit dem rätoromanisch insgesamt 4 gelebte Sprachen haben, würde ich als erstes mein Französisch auf ein höheres Level bringen. Französisch, da der französischsprechende Part der Schweiz mit fast 25% der Bevölkerung doch sehr hoch und interessant ist. Des Weiteren ist Französisch in 20 Ländern die offizielle Landessprache. Abgesehen davon höre ich den Klang dieser Sprache sehr gerne und schätze die Leichtigkeit, die darin mitschwingt.

Weitere Informationen zu Yvette Reinberger finden Sie unter http://www.yvette-reinberger.ch

Was glauben Sie, wie die Welt unserer Kinder in 50 Jahren aussehen wird? Welche Rolle wird Sprache in dieser Welt spielen?

Da Bildung meine große Leidenschaft ist, habe ich ein persönliches Interesse daran, neue Lernwelten zu erforschen und zu kreieren, in denen Erkenntnis möglich wird. In meiner Wahrnehmung wird sich bereits in den nächsten 10 bis 20 Jahren ein großer gesellschaftlicher Wandel vollziehen. Prioritäten werden neu gesetzt. Werte wie Verantwortung, Herausforderung, Kommunikation, Nachhaltigkeit etc. werden einen immer größeren Raum einnehmen und die Welt verändern. Das einzige Beständige ist die Veränderung und das ist gut so. Unser Gehirn langweilt sich sonst.

Es wird unternehmerischer werden in der Bildungslandschaft und pädagogischer in der Wirtschaft. Ich sehe es als eine Art Knowhow Verschmelzung. Es wird mehr Quereinsteiger geben und sehr praxisorientier, im Sinne von lebensnah werden. Internationalität und Weltsprachen werden darin eine zentrale Rolle einnehmen. Wissensvermittler werden zu Lernbegleitern. Talententwicklung wird im Vordergrund stehen. Mentoring auf Augenhöhe wird wertvoller denn je, da es für die nächsten Generationen essentiell ist, Gesprächspartner zu haben, mit denen sie philosophieren können, die ihnen Impulse geben und gleichzeitig Räume des Forschens eröffnen.

Was möchten Sie dem Leser noch mit auf den Weg geben?

Sprache ist viel mehr als nur die Aneinanderreihung von Worten oder Lauten. Sprache ist die Grundlage der Kommunikation, sie ist der Dreh- und Angelpunkt unseres sozialen Verhaltens und der zwischenmenschlichen Beziehungen. Letztendlich geht es darum, eine verbindende Sprache zu sprechen, die Sprache des Herzens und somit eine Sprache, die über alle Kulturen, Religionen und Dogmen hinweg geht.

Ein Zitat von Rumi finde ich da sehr passend: "Out beyond ideas of wrongdoing and rightdoing, there is a field. I'll meet you there." Ich nenne dieses „field" oder diesen Raum Ethik.

Kapitel 9 – bringen Sie sich in mentale Höchstform

Mentales Training – für viele von uns ist dieser Begriff mit sportlichen Leistungen verknüpft. Und doch ist mentales Training für jeden Lebensbereich einsetzbar. In diesem Kapitel erfahren Sie, wie genau Sie sich in Bezug auf Ihr Sprachtraining in die nötige mentale Höchstform bringen können. Wenn Sie sich wirklich, wirklich, wirklich für Ihre neue Sprache entscheiden, lernen Sie sehr viel leichter. Sie werden es lieben.

Wenn also bis jetzt auf Ihre Absicht eine neue Sprache zu lernen keine handfesten Ergebnisse gefolgt sind, werden Sie aller Wahrscheinlichkeit nach inkohärente Gedanken und Gefühle gelebt haben. Sie senden Botschaften wie „ich WILL ja Englisch lernen, aber ich fühle mich untalentiert" oder „ich WILL ja Englisch lernen, aber ich FÜHLE nur Stress und Zeitmangel".

Ich bin mir sicher, Sie haben jetzt ein klares Bild von einem mentalen Training. Die gute Nachricht für alle mit wenig Zeit: In meinen Sprachkursen ist bereits ein Mentaltraining integriert.

Nutzen Sie Ihre volle Power

Und noch einen kleine Überraschung für Sie: Nachdem Sie mein Buch gekauft haben, schenke ich Ihnen neben dem Schnellstart-Kurs zum Testen auch eine Einsteiger-Version meines Mentaltrainings „Sprachen lernen"*. Sie können damit einen ersten Schritt in die richtige Richtung machen. Sie können ausprobieren, wie es sich anFÜHLT, Gedanken und Gefühle zu synchronisieren.

Jede Form des mentalen Trainings – sofern es gut aufbereitet ist – hat allein das Ziel, Gedanken und Gefühle in Kohärenz zu bringen. In unserem Zusammenhang geht es darum, dass Sie Ihre Sprache lernen WOLLEN und das gewünschte Ergebnis auch FÜHLEN können.

Auf den nächsten Seiten beschäftigen wir uns mit sehr einfachen und praxisnahen Tipps für eine passende mentale Einstellung. Denn Sie werden feststellen: Eine Person, die inkohärent denkt und fühlt, kann die effektivsten und modernsten Trainingsmethoden der Welt besitzen und trotzdem ist das Training unnötig schwer.

* Sie finden das Mentaltraining „Sprachen lernen" im Download Bereich zum Buch. Loggen Sie sich einfach unter www.josuakohberg.com/sprachenlernen ein.

Sobald jemand nicht klar entschieden, faul, unmotiviert oder lieblos ist – gedacht, gefühlt oder beides – verschwendet er beim Lernen nur seine wertvolle Zeit. Ich wiederhole mich da gerne: Die Power, die Kraft kommt aus Ihnen selbst. Sie entspringt nicht den Methoden, nicht den Arbeitsblättern oder den Werkzeugen. Sie allein treten das Gaspedal. Und klar, Sie können sich entscheiden, ob Sie dieses bei einem 500-PS-Boliden durchtreten oder bei einer 30-PS-Schaukel. Ich glaube, da sind wir uns einig. Der-500-PS-Bolide macht vermutlich mehr Spaß, doch mit der 30-PS-Schaukel kommen Sie auch vom Hof. Sonst gäbe es ja in den klassischen Bildungsinstituten niemanden, der je eine Sprache gelernt hatte.

Den 500-PS-Boliden besitzen Sie schon, Sie halten gehirngerechte Lernmethoden und die aktuellsten Erkenntnisse der Neurowissenschaft mit diesem Buch in der Hand. Jetzt schauen wir uns an, wie genau Sie das Gaspedal durchtreten.

Tipp Nummer 1: Investieren Sie Zeit, Aufmerksamkeit und Geld!

Sobald Sie Energie in etwas investieren, ist es sehr wahrscheinlich, dass Sie etwas für diese Energie erhalten. Investieren Sie wenig oder keine Energie, kommt mit hoher Wahrscheinlichkeit wenig oder gar nichts zurück. Erstaunlicherweise stelle ich immer wieder fest, dass es egal ist, wie genau ich Energie in eine Sache stecke. Tue ich es, bekomme ich auch ein Resultat.

Investieren Sie in sich selbst

In der Regel wächst der Erfolg proportional zur Menge der ERNSTHAFT investierten Energie. Von der gibt es bei einer neuen Sprache drei naheliegende Arten: Zeit, Aufmerksamkeit und Geld. Haben Sie wenig Zeit und Aufmerksamkeit zur Verfügung, können Sie das durch den Einsatz von mehr

Geld ausgleichen. Sie können Geld in bereits gehirngerecht aufbereiteten Sprachtrainings – eine sehr schnelle und nachhaltige Form des Sprachtrainings – investieren, Sie können ins Ausland reisen, um eine Sprache zu lernen, Sie können Seminare und Lehrer im Inland buchen und vieles mehr.

Haben Sie wenig Geld und dafür mehr Zeit, dann investieren Sie täglich zwei, drei oder vier Stunden in bewusste Trainingseinheiten. Ich würde Ihnen aber dazu raten, einen guten Investitionsmix zu wählen.

Ich habe keine Zeit...

Der ist fast immer möglich, denn das Argument **„ich habe keine Zeit"** hatten wir bereits in Kapitel 2 als Mythos entlarvt. Jetzt möchte ich dies von der „technischen" Seite beleuchten und die vier Hauptursachen für scheinbare Zeitnot behandeln.

Problem Nummer 1: Eine Zeit- und Alltagsplanung fehlt oder ist unprofessionell.

Menschen mit einem guten Zeit- und Alltagsmanagement klagen sehr viel weniger über „fehlende Zeit" als andere. Oft handelt es sich hierbei um Unternehmer oder Personen in Führungspositionen. Sie sind es gewohnt, Ihre Aktivitäten klar und übersichtlich zu planen. Damit erreichen Sie an einem Tag mehr als Menschen ohne jede Organisation – und es bleibt immer noch Zeit für andere Dinge. Sie leben bewusster. Sie wissen, was sie wollen. Und sie wissen, wann es getan werden muss. Eine Form der kohärenten Wellen. WOLLEN und GLAUBEN werden auf der Basis der bereits gemachten Erfahrungen synchronisiert. Übrigens: Auch wenn sie mal keine Lust haben, etwas zu tun, tun sie es trotzdem. Und das sehr bewusst, also kohärent! Und wenn Sie wenig Erfahrung mit Selbstmanagement haben, empfehle ich Ihnen, mit entsprechender Literatur in das Thema einzusteigen.

Problem Nummer 2: Persönliche Weiterbildung hat keine Priorität.

Dieser Umstand ist übrigens oft der wahre Hintergrund der Aussage „ich habe keine Zeit". In einem meiner Seminare vermittle ich eine sehr spannende Coaching-Technik. Die Teilnehmerinnen und Teilnehmer legen dabei die Prioritäten in ihrem Leben fest. Regelmäßig landen Familie, Partnerschaft, Beruf, Freunde und Freizeit ganz oben. Dagegen ist nichts zu sagen, nur kann es zu einer Blockade führen, wenn ich etwas völlig Neues machen möchte. Daher empfehle ich – wenn das intensive Sprachtraining zum Beispiel auf zehn Wochen angesetzt wird – für diesen Zeitraum die Prioritäten neu zu sortieren, um nicht immer wieder an Grenzen zu stoßen. Eine Sprache zu lernen, gehört sicher in den Bereich der persönlichen Weiterbildung oder Entwicklung – und das sollte dann für die Zeit des Sprachstudiums (zwei bis drei Monate) oberste Priorität haben.

… ist ein Mythos!

Problem Nummer 3: das Zeitproblem auf der mentalen Ebene.

Auch das ist immer wieder faszinierend für mich. Sehr häufig höre ich von Zeitdruck, zu wenig Zeit und so weiter. Frage ich genauer nach, stelle ich fest, dass die meisten Menschen nur auf der mentalen Ebene unter Zeitmangel leiden. So jemandem empfehle ich, einmal einen ganzen Tag mit etwas völlig Sinnlosem zu verbringen und dabei auch noch Spaß zu haben.

Viele werden allein bei dem Gedanken, absichtlich Zeit zu verschwenden, schon ganz verrückt. Und doch liegt gerade in der Ruhe die Kraft, wie der Volksmund schon lange weiß. Um Gedanken und Gefühle kohärent auszurichten, ist eine Phase der Gelassenheit notwendig. Ein unruhiger Geist sucht häufig das Glück in der Vergangenheit oder in der Zukunft. Ohne allzu sehr in philosophische Überlegungen einzusteigen, werfe ich an dieser Stelle in meinen Seminaren einen Blick in die Runde. Viele nicken und wissen doch, dass Sie noch nie das Glück im Gestern oder Morgen gefunden haben. Veränderung findet im HIER und JETZT statt. Ausschließlich. Ich stelle daher häufig die Frage: Hast Du Zeit oder hat die Zeit Dich?

Stoße ich weiterhin auf Unverständnis, gehe ich etwas tiefer. Wenn Facebook, Youtube oder das Fernsehgerät uns im Griff hat, besitzen wir keine bewusste Kontrolle. Zwanghaft nehmen wir das Smartphone in die Hand, um zu surfen, schalten wir den Fernseher ein und vergessen, dass dieser sich auch wieder abstellen lässt. Wenn wir dagegen die MACHT haben und bewusst ausüben, dann entscheiden wir, wann wir ein Medium nutzen und wann nicht.

Es hilft, sich noch konkretere Fragen zum mentalen Zeitproblem zu stellen:
- Habe ich das Internet oder hat das Internet mich?
- Habe ich eine Partnerschaft oder hat die Partnerschaft mich?
- Bin ich reaktiv oder aktiv?

Ein mentales Zeitproblem reduziert sich schnell und nachhaltig, wenn wir bereit sind, die Kontrolle über verschiedene Lebensbereiche zu übernehmen. Lassen Sie sich nicht durch Chefs, Freunde, Mitarbeiter, Arbeitskollegen, Familienangehörige, Medien, Informationsfluten, Panikwellen, Gerüchte oder Chaos kontrollieren.

Problem Nummer 4: „Keine Zeit haben" wird mit „keine Energie haben" verwechselt.

Viele Menschen sagen, „ich habe keine Zeit", meinen aber, dass sie schlicht keine freie Aufmerksamkeit oder Energie für das Thema haben. Wenn Sie zum Sport gehen statt Italienisch zu trainieren, haben Sie keine Zeit und keine Energie für Letzteres. Wenn Sie lieber auf Facebook oder YouTube sind, als eine Sprache zu lernen, ist es dasselbe. Und so weiter … Sie verstehen, was ich meine?

Es läuft immer wieder auf das Gleiche hinaus. Investieren Sie das Mindestmaß an Zeit und Energie, schließen Sie vorher einen Vertrag mit sich selbst und bleiben Sie dabei. Es kommt beim Sprachenlernen wirklich nicht auf die Dinge an, die Sie ab und zu einmal tun. Es kommt auf die Dinge an, die Sie täglich 3 x 10 Minuten tun. Über einen Zeitraum von zwei bis drei Monaten. Dann sind Sie im Rennen. Machen Sie es zu einer Gewohnheit. Und das gelingt am einfachsten, wenn Sie kohärente Wellen von Geist und Gefühl erschaffen.

Tipp Nummer 2: Verbinden Sie das Nützliche mit dem Regelmäßigen.

In meinem Fall ist das „Regelmäßige" der Weg von einem Büro zum anderen und die Reisezeiten zu Vorträgen und Seminaren. Mein Hauptbüro befindet sich an meinem Wohnort, worüber ich sehr froh bin. Und doch fahre ich – wenn ich nicht gerade zu Vorträgen oder Seminaren unterwegs bin – meist täglich einmal in das Büro meiner zweiten Firma. Die 20 Kilometer lege ich entweder mit dem Fahrrad oder mit dem Auto zurück. Mit dem Fahrrad bin ich 40 Minuten unterwegs, mit dem Auto 15 bis 20 Minuten. Diese Zeit muss ich sowieso aufwenden. Wenn ich mit dem Rad fahre, ist das gleichzeitig Sport. Doppelt genutzte Zeit. Zudem absolviere ich beim Fahren aktive Sprachtrainings-Einheiten oder höre Hörbücher. Also dreifach genutzte Zeit! Der Sport und das Lernen sind das Nützliche, die Fahrten sind das Regelmäßige. Ich empfehle die Kombination von Regelmäßigem mit Nützlichem auch in unseren Sprachkursen. Und da hat mir doch vor kurzem ein Kunde geschrieben, dass er die perfekte Lösung für sich gefunden habe. Er nutzte seine Wartezeit an der U-Bahn bisher immer, um die Tageszeitung

Was tun Sie jeden Tag?

zu lesen. Nun hat er diese Zeit gegen aktive Sprachtraining-Einheiten ausgetauscht. Die Umgebung ist so laut, das Personen in seiner Nähe denken, er telefoniert (er nutzt für das aktive Hören das Headset seines Smartphones und spricht die Sätze dann laut nach). Kreativität ist tatsächlich alles!

Tipp Nummer 3: Verbinden Sie das Nützliche mit dem Angenehmen.

Das hält die Motivation hoch und wir müssen uns nicht dazu überwinden. Schauen Sie gerne Filme? Simone und ich lieben gute Filme und wir haben eine große DVD-Sammlung. Der Fernseher wird bei uns nur als Monitor für Filme genutzt. Ein sehr gutes Medium zum Sprachenlernen. Am besten ist es, sie in der Wunschsprache mit deutschen Untertiteln anzuschauen. Eine sehr einfache und angenehme Trainingsmethode, zu der Sie in Kapitel 5 weitere Infos finden. Und Sie kostet keine Zeit, denn Sie wollten ja sowieso einen Film sehen.

Tipp Nummer 4: Erschaffen Sie Gewohnheiten.

Erschaffen Sie sich Gewohnheiten, also Rituale, die Sie permanent wiederholen. Sie werden Ihnen bald fehlen, wenn Sie sie einmal – aus welchen Gründen auch immer – nicht vollziehen können. Vielleicht kennen Sie das aus dem Bereich des Sports. Ich war früher ein absoluter Bewegungsmuffel, heute bin ich das Gegenteil. Neue Rituale, neue „Abhängigkeiten". Wenn ich meine tägliche Bewegung nicht habe, bin ich schnell unzufrieden.

Wie lässt sich das aufs Sprachenlernen übertragen? Legen Sie einfach eine bestimmte Zeit, einen bestimmten Ort und eine bestimmte Handlung fest. Schalten Sie das Telefon aus, konzentrieren Sie sich zu 100 Prozent auf Ihr Lernmaterial, hören Sie dabei angenehme Musik. Wiederholen Sie das jeden zweiten Tag zur gleichen Zeit, und nach zwei bis drei Wochen „läuft" Ihr Ritual.

Genau das haben Sie als Kind getan. Sie haben die Rituale Ihrer Eltern kopiert. Essenszeiten, Schlafenszeiten, Emotionen, Verhaltensmuster, Fernsehgewohnheiten und vieles mehr. All das haben Sie imitiert und meist innerhalb von kurzer Zeit als Ihr Eigenes übernommen, also gelebt.

Tipp Nummer 5: Lernen Sie zu imitieren.

Für die meisten unserer Kunden – und auch für mich selbst – ist das der wirkliche Schlüssel, um eine neue Sprache zu meistern. Tatsächlich ist die Imitation bei uns sogar der Kern aller Trainingseinheiten. Das haben wir als Kinder in Perfektion umgesetzt – Sie erinnern sich, wir haben sogar den Dialekt unserer Umgebunt imitiert. Von daher bin ich der tiefen Überzeugung, dass Imitation die einfachste und vielleicht auch einzige Lernmethode ist, mit der Sie unter Garantie jede Sprache der Welt erlernen können.

Nur dann, wenn Sie etwas immer und immer wieder hören, können Sie es auch wirklich nachsprechen. Natürlich gibt es individuell unterschiedliche Geschwindigkeiten. Unsere jüngere Tochter Antonia zum Beispiel hat eine für mich unglaubliche Fähigkeit. Sie hört ein- oder zweimal ein Lied und ist danach in der Lage, es mit dem richtigen Text und der richtigen Melodie zu singen. Ich hingegen bin da fast chancenlos, zumindest was die Melodie angeht. Ich muss es trainieren, muss mich auf das Lied einlassen, mich mit dem Sinn des Textes beschäftigen, im besten Falle habe ich noch ein Video dazu. Dann funktioniert das bei mir nach acht bis zehn Wiederholungen auch. Und das ist auch schon ein wichtiger Hinweis zum Thema Imitaion. Denn diese unterschiedlichen Geschwindigkeiten gibt es natürlich bei jeder Form des Imitationstrainings.

Keine Erfolge, keine Motiviation

Sie können das sehr gut mit Dialekten austesten. Egal, ob Sie in Leipzig, Köln, München, Wien oder auf Sylt zu Hause sind. Üben Sie offen oder heimlich den Dialekt einer anderen Region. Sie werden feststellen, dass Sie am Anfang Ihre Mundwinkel „verbiegen" müssen, doch nach einiger Zeit gelingt es Ihnen, den Dialekt nachzuahmen.

Die Fähigkeit zur Imitation setzt voraus, dass wir gut beobachten und zuhören. Versetzen Sie sich in die Mentalität des anderen hinein, achten Sie auf Verhaltensweisen, Mimik, Körperhaltung und alle Bewegungen.

Das ist übrigens einer der Hauptgründe, warum ausgebildete Schauspieler es tatsächlich einfacher haben, eine neue Sprache zu lernen. Ich hatte 2003 meinen ersten prominenten Schauspieler als Kunden gewonnen. Er setzt den neoos® bis heute ein, um seine Texte schnell und nachhaltig zu verankern. Er zeigte mir, wie Schauspieler darauf trainiert werden, Verhaltensweisen, Gestik, Mimik, Klang und Körpersprache eines beliebigen Charakters zu übernehmen. Das unterscheidet einen erstklassigen Schauspieler übrigens auch von einem zweit- oder drittklassigen. Er LEBT die Rolle tatsächlich und das spüren die Zuschauer.

Die Verbindung zur Sprache wurde mir dann klar, als dieser Schauspieler mir eine Szene aus einer italienischen Oper präsentierte. Sie wissen sicher, was ich meine. Einen typischen Italiener müssen Sie nicht SPRECHEN hören, Sie erkennen ihn schon an seiner Haltung, Mimik und Gestik.

Trainieren Sie Ihre Fähigkeit zur Imitation, haben Sie schon 50 Prozent der Fähigkeiten, die nötig sind, um eine Fremdsprache zu meistern. Und wenn Sie jetzt einwerfen, dass Sie Nachahmung nicht mögen oder nicht können, denken Sie bitte daran. Als Kind haben Sie nur und ausschließlich imitiert – und damit Ihre Muttersprache gelernt.

Tipp Nummer 6: Finden Sie heraus, wo Sie stehen, und legen Sie fest, wo Sie hin wollen.

Haben Sie schon einmal ein Navigationsgerät benutzt? Vermutlich ja. Was ist das Erste, was ein Navigationsgerät nach der Aktivierung tut? Genau, es lokalisiert seinen aktuellen Standort. Erst dann ist es in der Lage, eine Route festzulegen. Wenn Sie nicht wissen, wo Sie stehen, können Sei nicht loslaufen. Aus diesem Grund habe ich neben dem europaweit verwendeten CEFRL-Rahmen noch eine einfachere 10-Stufen-Einteilung in das Buch integriert. Falls noch nicht geschehen, blättern Sie zurück zu Kapitel 4 und legen Sie Ihr persönliches Ziel und Ihre Zwischenziele fest.

Tipp Nummer 7: Konditionieren Sie sich selbst.

Ihr Erfolg wird letztendlich davon abhängen, wie gut Sie sich selbst konditionieren können. Programmieren Sie sich auf Erfolg, umgeben Sie sich mit der zu lernenden Sprache, setzen Sie sich konkrete Ziele sowie Termine und geben Sie bekannt, was Sie in welcher Zeit erreicht haben werden.

Programmieren Sie sich auf Erfolg

Der Grund, warum sich viele Menschen lieber etwas wünschen, als sich konkret für etwas zu entscheiden, ist folgender: Von einem Wunsch können wir nicht enttäuscht werden. Der erfüllt sich vielleicht nicht, aber dann tragen wir dafür scheinbar keine Verantwortung. Das Problem dabei ist, dass ein bloßer Wunsch keine Power hat, keine Durchschlagskraft entwickelt. Ein schwacher Wunsch ist das Gegenteil von kohärenten Wellen. DENKEN und FÜHLEN werden erst in dem Moment synchron, in dem wir eine klare, unumstößliche Entscheidung treffen.

Das ist auch der Grund für die Integration eines Mentaltrainings in unseren Sprachkursen. Während Sie mit Ihrem neoos® fröhlich Englisch-Dialoge über die Haut aufnehmen, werden Sie unbewusst – ganz einfach nebenbei und zusätzlich – mit zehntausenden Wiederholungen des Satzes „I speak english fluently" und vier weiteren Sätzen beschallt. *

Morgens nach dem Aufwachen, mittags beim Essen, nachmittags beim Arbeiten, nachts vor dem Schlafengehen. Immer wieder die gleichen Sätze – bewusst und unbewusst. Und vor allem dann, wenn innere Zweifel auftauchen oder die höchst menschliche Eigenschaft der Faulheit zuschlägt. Immer dann wiederholen sie bewusst und unbewusst „I speak english fluently".

Und wenn es mit dem Lernen nicht so klappt? „I speak english fluently"! Ja, und wenn es nach zwei Wochen immer noch nicht klappt? „I speak english fluently", „I speak english fluently", „I speak english fluently"...

Tausende Wiederholungen sorgen für Realität

Denken (und hören) Sie es 500.000 Mal, sprechen Sie es viele hundert Male aus. Das ist die Form von Willenskraft, die Sie schon als Baby drauf hatten. Sie haben es vielleicht vergessen, aber Sie HATTEN und HABEN es drauf. Sie wissen ja seit dem vorangegangen Kapitel: Die Realität ist verhandelbar!

Fassen wir also noch einmal zusammen und erinnern Sie sich: **Wiederholung ist die Mutter des Lernens. TUN ist der Vater des Lernens.**

Ich greife dazu wieder die mentale Haltung eines Kleinkindes auf. Das hat noch keine oder nur wenige „negative" Glaubensmuster. Es ist im wahrsten Sinne des Wortes beseelt von einem Wunsch, von einem ebenso einfachen

* Das komplette Mentaltraining zur Sprache Ihrer Wahl finden Sie im Schnellstarttraining. Einfach einloggen unter www.josuakohberg.com/sprachenlernen

wie nachhaltig wirkenden Wunsch. Nein, es geht um mehr als nur einen Wunsch. Es WILL so schnell wie möglich „VERSTEHEN" und dann natürlich „SELBST MITREDEN". Gedanken und Gefühle sind kohärent. Es WILL WIRKLICH, WIRKLICH, WIRKLICH mitsprechen. Es fühlt genau diesen Wunsch ganz tief. Und es weiß, dass er sich erfüllen wird. 100-prozentig, denn die Eltern können es ja schließlich auch schon.

Sprache ist die Basis unserer menschlichen Kommunikation. Und solange wir nicht mitreden können, müssen wir uns über Weinen, Grunzen, Lächeln oder irgendwelche Bewegungen verständlich machen. Nicht gerade ein bequemer Weg und vor allem einer, bei dem die Aussagevielfalt stark eingeschränkt ist. Und das zu wissen, schafft die Basis für erstaunliche Lernfortschritte.

In meiner langjährigen Forschung zum Thema mentale Muster und Lernstrategien habe ich etwas sehr Simples festgestellt. Wir neigen dazu, jede Unbequemlichkeit so schnell wie möglich zu eliminieren. Daher eine Frage an Sie: Ist es unbequemer, die gewünschte Sprache zu lernen oder sie nicht sprechen zu können? Wenn Sie das Lernen für die unbequemere Variante halten, werden sie voraussichtlich nie damit beginnen. Wir Menschen bevorzugen tatsächlich immer den bequemen Weg. Alles, was unbequem, neu oder schmerzhaft ist, wird von uns grundsätzlich erst einmal umschifft.

Bequem oder Unbequem, das ist die Frage

Ich möchte Ihnen das an dem folgenden Bild aufzeigen, das aus der Lernpsychologie stammt, auch wenn es heute immer wieder in den Bereich der Motivation hineingezogen wird. Viele Motivations-Trainer verwenden ein wenig marktschreierisch den Begriff „Komfortzone", um dann die Aufforderung auszusprechen, eben diese zu verlassen. Doch dabei fehlt etwas Entscheidendes. Außerhalb der Komfortzone kommen wir zwar in die Lernzone, doch direkt dahinter lauert auch schon die Panikzone. Und in dieser Zone ist ein Lernerfolg genauso unwahrscheinlich wie in der Komfortzone. Eine Basis für nachhaltige Lernerfolge ist der zielsichere und lange Aufenthalt in der Lernzone. Und genau das erreichen wir, indem wir uns in die entsprechende mentale Verfassung bringen.

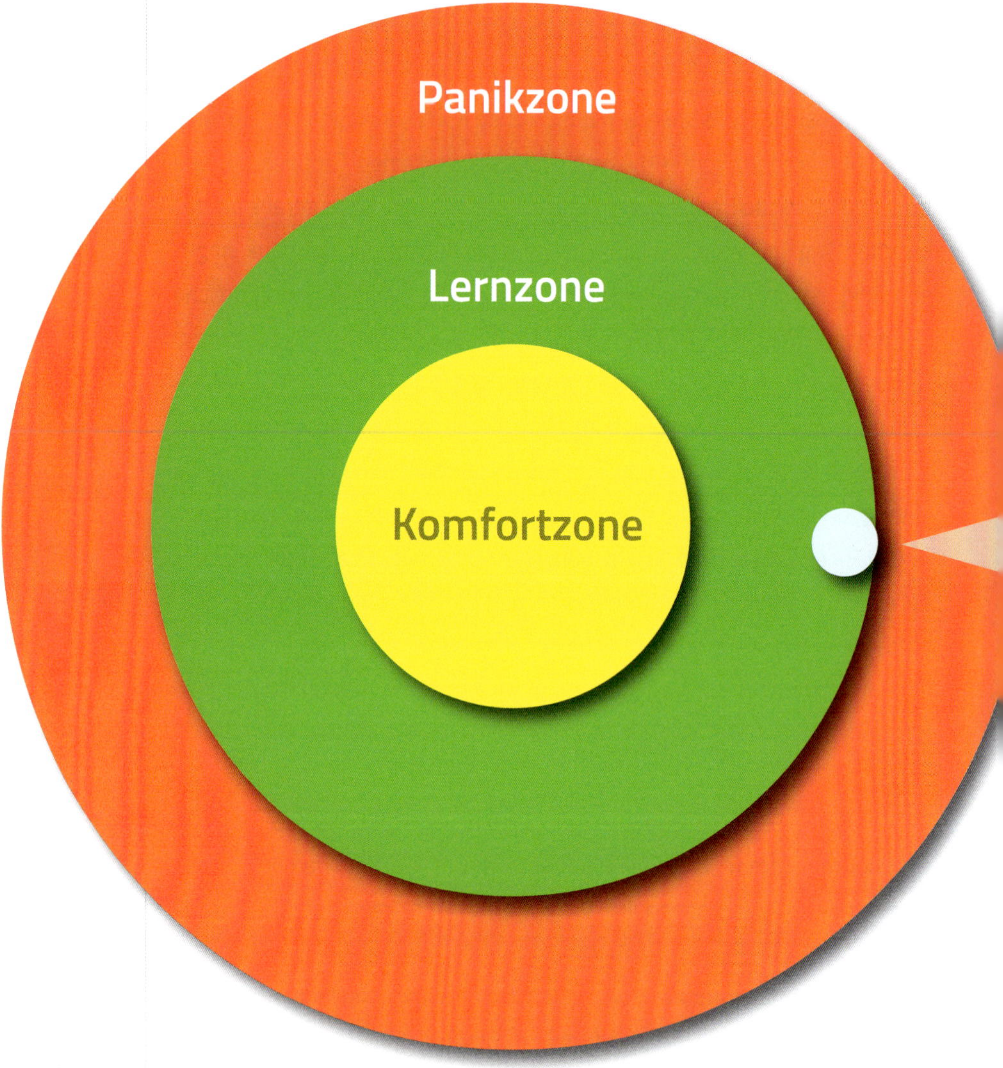

Die Panikzone – der Schritt aus der Komfort Zone ist zu groß, wir geraten in die Überforderung und sehr schnell in Panik. Strategien sind nicht mehr möglich. Wir flüchten, werden aggressiv, gehen auf Angriff oder fallen in einen Black Out.

Die Lernzone – wir werden aus dem Gleichgewicht gebracht! Unsicherheit entsteht! Wir MÜSSEN neue Strategien entwickeln. Das Ergebnis – WIR LERNEN!

Die Komfortzone – hier fühlen wir uns wohl. Wir haben alles im Griff. Wir besitzen Strategien, die wir anwenden können. Wir müssen uns nicht bemühen, den aktuellen Standard aufrecht zu erhalten.

Die Lernzone ist der Bereich, in dem gewaltige Fortschritte möglich sind. Bewegen wir uns freiwillig und gewünscht in der Lernzone, sind DENKEN und FÜHLEN kohärent. Wir WOLLEN lernen und wir FÜHLEN das fertige Ergebnis. Wichtig – wir müssen uns freiwillig in diese Zone begeben. Im Idealfall bewegen wir uns in der Lernzone bis ans äußerste Ende. Kurz vor der Panikzone sind die Lernerfolge am größten.

Auf den nächsten Seiten schauen wir uns den Einsatz mentaler Techniken noch einmal detaillierter an. Ich gehe auch auf die Verbindung mit dem neoos® ein, denn alle meine Sprachtrainings verfügen – wie erwähnt – über ein integriertes Mental-Training. Lernen Sie mit unserem KOSYS-Training Englisch? Dann hören Sie mehrere zehntausend Mal pro Tag über die Haut und damit nebenbei „I speak english fluently" und vier weitere Sätze. Hunderttausende von Wiederholungen auf der unbewussten Ebene. Lernen Sie dagegen Spanisch, hören Sie „Hablo español con fluidez", beim Italienisch-Training läuft „Parlo italiano fluentemente." mit und in den Französisch-Dialogen ist der Satz „Je parle couramment français." integriert.

Selbstverständlich lässt sich Mental-Training in jedem Bereich unseres Lebens einsetzen. Im Sprachtraining genauso wie im Profi- und Amateursport, bei der Änderung von Ernährungs- und Bewegungsmustern, bei der Minimierung von Ängsten in Schul- und Prüfungssituationen, bei der Etablierung von Erfolgsmustern, der Selbstliebe und der Selbstheilung. Und das sind nur wenige Beispiele, denn jeder von uns hat seine speziellen Themen, die ihn immer wieder an Grenzen stoßen lassen*.

Was ist die Idee hinter meinen Mental-Trainings? Es geht um den Ansatz der intrinsischen Motivation, also das Bestreben, etwas um seiner selbst willen zu tun (weil es einfach Spaß macht, Interessen befriedigt oder eine Herausforderung darstellt). Bei der extrinsischen Motivation steht dagegen der Wunsch im Vordergrund, bestimmte Leistungen zu erbringen, weil man sich davon einen Vorteil (Belohnung) verspricht oder Nachteile (Bestrafung) vermeiden möchte.

Mentales Training fördert die innere Motivation

Sind Sie intrinsisch motiviert, ist Lernen plötzlich GENIAL EINFACH. Warum? Weil Sie der Stoff interessiert, weil Sie ihn lernen WOLLEN und FÜHLEN. Denken und Fühlen laufen kohärent. Und genau darum geht es im Mental-Training. Wir arbeiten hier mit der gezielten Anwendung von hörbaren und unhörbaren Frequenzen, um verschiedene Ebenen unseres Vor- und Unterbewusstseins und natürlich unseres Bewusstseins zu stimulieren.

Glückliche und erfolgreiche Menschen motivieren sich selbst ständig aufs Neue. Und genau hier leisten die Mental-Trainings hervorragende Dienste. Es gibt unzählige gute Methoden und Konzepte zur Steigerung des persönlichen Glücks und des persönlichen Erfolgs. Und alle Methoden haben ihre

* Informationen und Bezugsquellen meiner Produkte – unter anderem auch viele meiner Mental Trainings – finden Sie auf www.josuakohberg.com.

Berechtigung. Es gibt allerdings nur wenige Menschen, die diese Methoden dauerhaft und konsequent anwenden. Ich habe sehr viele Menschen in Seminaren erlebt – und die meisten von ihnen hatten wirklich tolle Erfolge. Sie haben am eigenen Leib erlebt, wie gut eine bestimmte Methode funktionieren kann. Und trotzdem bleiben die meisten nicht dauerhaft am Ball. Wenn sich dann nach einigen Wochen die Lebensqualität wieder verschlechtert, suchen Sie nach einer neuen Methode, anstatt die bereits getestete einfach nochmal zu verwenden. Das ist mir übrigens auch bei mir selbst aufgefallen.

Warum passiert uns das? Weil unser Denken und Fühlen so ausgelegt ist. Wenn wir etwas erreichen wollen, müssen wir Vollgas geben. Und es gibt auf der anderen Seite immer die Stimme in unserem Inneren, die flüstert „Hey, das funktioniert doch gar nicht, entspanne dich, warum solltest du dich so anstrengen?". Unser Nervensystem verfügt auch über diese beiden Ebenen – der Sympathikus gibt Vollgas, der Parasympathikus steht auf der Bremse. Der Sympathikus hat eine sogenannte ergotrope Wirkung, das heißt, er erhöht die nach außen gerichtete Handlungsbereitschaft. Er wirkt bei Angriffs- oder Fluchtverhalten und bei außergewöhnlichen Anstrengungen. Der Parasympathikus dagegen wird als „Ruhenerv" bezeichnet. Er dient dem Stoffwechsel, der Regeneration und dem Aufbau körpereigener Reserven, sorgt also für Erholung und Schonung.

Gaspedal und Bremse werden also tatsächlich gleichzeitig getreten – und was so eigenartig klingt, ist in Wirklichkeit überlebenswichtig. Stellen Sie sich einen Sportler vor, der keine Bremse hat. Er würde sich so überanstrengen, dass er tot umfällt. Der Parasympathikus kann aber nicht entscheiden, ob das Treten des Gaspedals notwendig ist, er bremst einfach nur. Wenn eine Energieaufwendung wichtig ist, wird der Sympathikus den Energieaufwand einfach gegen den Parasympathikus durchsetzen. Oder glauben Sie wirklich, dass unser Sympathikus mit dem Parasympathikus diskutiert, wenn ein Löwe hinter uns her ist? In diesem Moment ist die Gefahr so hoch, dass der Sympathikus automatisch in den Vordergrund tritt und wir eine außergewöhnliche Energieleistung in Form von schnellstmöglichem Rennen erbringen. Der Sympathikus wird allein durch unsere Motivation gesteuert!

Deswegen funktioniert die Nummer auch nicht, wenn wir uns einfach mal so nebenbei sagen, „also ich würde ja schon mal gerne Italienisch lernen (oder was auch immer), da muss ich halt mal sehen, was sich da so ergibt". Das ist keine Motivation – und unser Parasympathikus stoppt die Nummer sofort. Denn es würde sich um reine Energieverschwendung handeln. Die Motivation ist viel zu schwach, wir werden sowieso kein Ergebnis erzielen.

Um es noch deutlicher zu machen: Würden wir uns wirklich um einen Lebenspartner bemühen, wenn der- oder diejenige zu uns sagt „du bist ja schon ganz nett, aber ich muss jetzt erst einmal sehen, wie sich mein Leben so entwickelt. Und da draußen rennen so viele interessante Menschen rum, da kann ich mich beim besten Willen jetzt noch nicht für dich entscheiden. Aber bleib mal hier stehen, ich melde mich in zwei Monaten wieder bei dir!"

Gedanken und Gefühle in Übereinstimmung

Wir würden die Bremse voll durchtreten, oder? Und so ist das mit unserer Motivation. Wenn wir uns bewusst für etwas entscheiden, die Entscheidung aber so halbseiden getroffen wurde, dass unbewusst keine Kraft freigesetzt wird, werden wir scheitern. Ein einfaches Beispiel: Sie möchten wirklich gerne Italienisch lernen. Sie wissen, dass Sie dafür mit dem KOSYS-Sprachtraining tatsächlich nur acht bis zwölf Wochen konzentrierte Aktionen investieren müssten. Zwölf Wochen lang täglich 3 x 10 Minuten. Ein Teil von Ihnen will das wirklich, der andere Teil sagt andauernd: „Hey, ich habe so viel Arbeit, ich schaffe das nicht. Wo soll ich denn jetzt noch 3 x 10 Minuten abzwicken? Das ist nicht zu schaffen!"

Vom Verstand her ist es Ihnen wichtig, die Sprache zu lernen. Vom Gefühl her kriegen Sie es einfach nicht auf die Spur.

Das führt zu einer massiven inneren Verwirrung. Und das ist nicht wirklich lustig. Die Verwirrung kann nur dann gelöst werden, wenn es vorab eine bewusste Entscheidung gibt. Eine bewusste Entscheidung für MEINE PERSÖNLICHE neue Überzeugung. Für den neuen Glaubenssatz, den ich künftig wie eine Fahne vor mir hertrage.

Über eine klare Entscheidung kommen wir in die sogenannte Lernzone. Wenn Sie sich die Grafik der drei Zonen anschauen, wird schnell klar, wo Lernen funktioniert. In der Komfortzone läuft alles, wir brauchen uns nicht anstrengen, werden aber auch keine Entwicklung erleben. Wenn ich meine Muttersprache im „Schlaf" beherrsche, kann ich sie Tag und Nacht ohne jede Anstrengung nutzen. Möchte jemand aber vom alltäglichen Gebrauch seiner Muttersprache zum Beispiel zum Schreiben eines Buches aufsteigen, überspringt er meist die Lernzone und gerät in die Panikzone. Dann kommen Schreibblockaden hoch und es macht sich tatsächlich Panik breit.

Je bewusster wir in unsere Lern- und Entwicklungsprozesse einsteigen, desto einfacher können wir gezielt in die Lernzone eintauchen. Haben Sie Prüfungsangst? Dann brauchen Sie im ersten Schritt ein Verständnis dieser Angst. Solange Sie immer wieder ohne bewusstes Erkennen in die Angst hineinfallen, landen Sie nicht in der Lernzone, sondern in der Panikzone. Und in der ist keine Veränderung möglich. Erst wenn Sie die Angst „verstehen", können Sie die Angst „verändern". Und das passiert in der Lernzone.

Das ist der Grund, warum ich beim Mental-Training über drei Ebenen arbeite. Diese drei Ebenen dienen einzig und allein dem Zweck, dass Sie eine bewusste Entscheidung für eine neue Überzeugung treffen und diese neue

Überzeugung dann anschließend über Emotion und eine hohe Wiederholungsrate in Ihrem Unterbewusstsein als Gewohnheit verankern.

Die erste Ebene besteht aus dem Hörbuch, mit dem Sie bewusst arbeiten. Nehmen wir als Beispiel das Training „Sprachen lernen". Wie erwähnt finden Sie in unserem Online-Zugang zum Buch einen Link zur kostenfreien Testversion des Mental-Trainings (www.josuakohberg.com/sprachenlernen).

Über das Hörbuch sind Sie in der Lage, die bewusste Entscheidung für die Kompetenz in der neuen Wunschsprache zu treffen. Das bedeutet, dass Sie sich im Klaren darüber sind, WARUM Sie diese Sprache beherrschen möchten. Innerhalb von nur 20 Minuten treffen Sie Ihre bewusste Entscheidung, den Code der neuen Sprache zu verstehen. So treten Sie in die Lernzone ein. Was für ein gewaltiger Schritt! Wenn Sie sich bewusst entschieden haben – und damit Klarheit über das WIE, das WARUM und die Strategie gewinnen konnten – gehen Sie in die zweite Ebene.

Die zweite Ebene ist die Fähigkeit zur Umsetzung. Sie nutzen eine geführte Mediation und verbinden die bewusste Entscheidung mit der unbewussten Ebene. Sie genießen eine tiefe Entspannung bei gleichzeitig hoher Konzentration und beginnen die „gedachte" Entscheidung immer stärker zu fühlen. Mit diesem zweiten Teil des Trainings arbeiten Sie zwei bis dreimal die Woche – und entwickeln dabei die Fähigkeit, gezielt mit Ihrem inneren Kritiker zu kommunizieren. Sie ziehen damit das Gefühl der Klarheit immer wieder an die Oberfläche. Sie wissen ja bereits, WARUM Sie den Code verstehen und benutzen, und nun FÜHLEN Sie es auch.

Während des Trainings auf den ersten beiden Ebenen erschließt sich ganz automatisch die dritte Ebene, das Gefühl der Zuständigkeit. Sie erkennen, dass nur SIE ALLEIN für Ihren Lernfortschritt zuständig sind, niemand anderes wird Ihr Gaspedal treten. Wenn SIE diesen Code nicht entschlüsseln, wird es niemand tun. So einfach ist das. Und jetzt wird es richtig interessant: Sehen Sie das Ziel der neuen Sprachkompetenz als wertvoll genug an, um dauerhaft auf dem Gaspedal zu bleiben? Damit Sie diese Frage mit Ja beantworten, nutzen wir den neoos®. Er informiert Ihr Unterbewusstsein über das Mentaltraining mit mehr als 10.000 Wiederholungen pro Stunde über den Wert Ihres Zieles, den Sie vorab über das Hörbuch bewusst definiert haben. Nur wenn Sie unbewusst und bewusst das gleiche Ziel verfolgen, können Sie auf Ihre gesamte, unbewusste Power zurückgreifen. Unser Unterbewusstsein ist unser intrinsischer Motivator. Nur wenn wir unser Un terbewusstsein dazu bringen, sich andauernd mit der neuen Sprachkompetenz zu beschäftigen, erkennen wir deren Wert und setzen das WISSEN in TUN um.

Nutzen Sie eines meiner Sprachtrainings, ist das Mental-Training über den neoos® bereits integriert. Sie hören also nicht nur die Dialoge Ihrer Zielsprache über die Haut, gleichzeitig nehmen Sie auch die Inhalte des Mental-Trainings unbewusst auf. Zeitgleich werden Sie durch Ihren neoos® in eine körperliche Balance gebracht. Sie genießen ein ausgewogenes Verhältnis zwischen Anspannung und Entspannung, was Ihre Wahrnehmung grundsätzlich positiver gestaltet. Wenn unsere Wahrnehmung positiver ist, sind wir vitaler, aktiver und gesünder. Wir sehen mehr Chancen, sind erfolgreicher und glücklicher*.

Innerhalb von nur acht bis zwölf Minuten gelangen Sie mit dem Einsatz des neoos® in die Balance zwischen Anspannung und Entspannung. Ein dynamischer Zustand, der sich am besten mit „entspannter Konzentration" beschreiben lässt. Ideal, um eine neue Sprache zu integrieren.

* Die Details zur wissenschaftlich fundierten Wirkung des neoos® auf den menschlichen Körper finden Sie auf Seite 107.

In dieser Abbildung sehen Sie den Aufbau meiner Mental Trainings. Es handelt sich um einen voll automatisierten Ablauf. Das einzige, was Sie nach dem Download eines Trainings tun müssen. Hören Sie das Hörbuch, um eine bewusst Entscheidung zu treffen und festigen Sie dann die bewusste Entscheidung durch das effektive Training der unbewussten Ebenen. Sehr viel einfacher geht es wirklich nicht mehr.

Sie finden die meisten meiner Trainings auf www.glueckreich.de.

3.

Entscheidungen festigen

Mit den neoos-Subliminal festigen Sie die bewusste Entscheidung mit tausenden Wiederholungen pro Stunde auf der unbewussten Ebene, Sie glauben. Damit können Ihre bewusste und unbewusste Ebene kooperieren und Sie „erleben" das gewünschte Ergebnis.

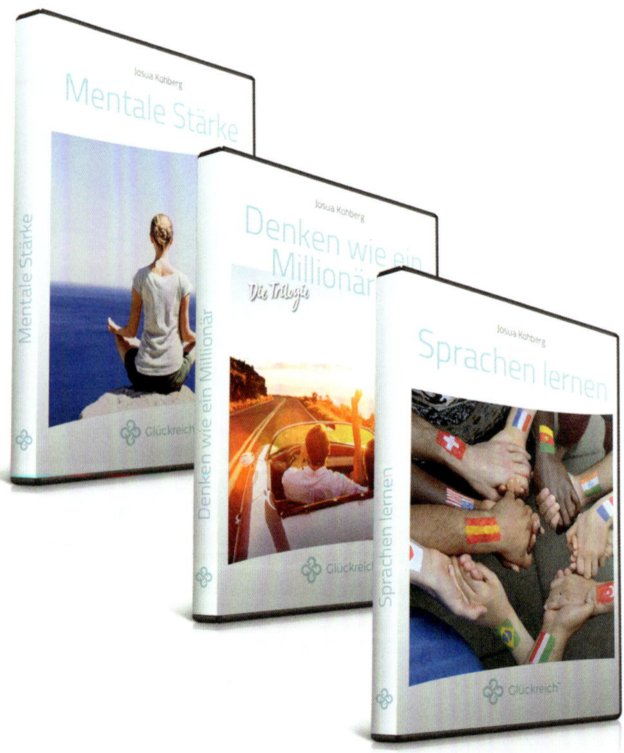

Aufbau

· Aufbau der Glückreich-Mentaltrainings
so simpel wie effektiv – und natürlich für
en Einsatz mit Ihrem neoos optimiert.
Und so nutzen Sie die Mentaltrainings:

lückreich™
Mentaltraining

1.

Hörbuch hören

Sie hören ein Hörbuch (ca. 20 Minuten) und treffen eine bewusste Entscheidung (Wille).

Mental Training voll automatisiert

Meditation & Aktivtraining

· eine geführte Meditation (ca. 20 Minuten)
in Aktivtraining mit den 10 bis 15 wichtig s-
tzen verbinden Sie Ihre bewusste Entschei -
mit der unbewussten Ebene (Sie starten die
Synchronisation von Wille und Glaube).

Kapitel 10 – Tipps und Tricks für Ihr Sprachtraining

Wie kann ich so schnell wie möglich in ein Gespräch einsteigen? Wie viele Wörter brauche ich, um mich wirklich unterhalten zu können? Was mache ich, wenn mir Vokabeln fehlen?

Hier kommen noch einige wichtige Tipps für das tägliche Training.

Ich werde immer wieder von Kunden gefragt, wie ein optimaler Start in die neue Sprache aussieht. Gleich vorweg: Es gibt keine allgemeingültige Regel. Aber es gibt eine Menge Tricks, um die Sprache so schnell wie möglich zu „sprechen". Und da ist noch ein extrem wichtiger Hinweis, den ich deshalb an dieser Stelle wiederhole:

Sprache ohne sprechen ist Spaß-befreit

Eine neue Sprache macht nur dann Sinn, wenn wir auch anfangen, sie zu sprechen. Das Gegenteil kennen die meisten von uns aus der Schule. Wir steigern das Verständnislevel und in Prüfungssituationen wird auch nur das Verständnis abgefragt. Wir hatten zum Beispiel einen Kunden, der über ein Spanischzertifikat auf Level B2 verfügte. Auf diesem Level hätte er eigentlich schon flüssige Unterhaltungen führen müssen. Laut seiner eigenen Aussage und auch im Telefonat mit unserem spanischen Muttersprachler Carlos stellte sich heraus, dass seine Sprachkompetenz unter A1 lag. Wie kann das passieren? Weil die Sprache „theoretisch" gelernt wurde, nicht aber praktisch orientiert. Ein ähnliches Erlebnis hat mir unsere Tochter berichtet. Sie ist mit einer langjährigen Freundin nach deren erfolgreichem Abiturabschluss nach Mallorca geflogen. Die Abiturnote der Freundin in Englisch: eine 1,5. Doch am Flughafen hatte sie Mühe, nach dem vermissten Gepäckstück zu fragen.

Worum geht es in den Tipps und Tricks für den Anfang? Ganz einfach: Lange bevor Sie eine „richtige" Unterhaltung führen können, sollten Sie beginnen zu sprechen.

Tipp 1 – Auswendiglernen einer Einleitung

Die schnelle Einleitung

Ich verspreche, das ist das einzige Mal, dass ich in diesem Buch das Thema Auswendiglernen erwähne. Doch in diesem einen Fall hat es sich in meiner Lernpraxis als sinnvoll herausgestellt. Wenn Sie fünf bis zehn flüssige Sätze über sich selbst sagen können, zum Beispiel wie Sie heißen, woher Sie kommen, was Ihre Hobbys sind usw., haben Sie einen flüssigen Einstieg in fast jedes Gespräch. Diese Einleitung ist wie eine Rutsche ins Gespräch. Was ich festgestellt habe: Die ersten flüssig gesprochen Sätze sind perfekt für unser Mindsetting. Sie „fühlen", dass Sie sprechen können.

Wie kommen Sie zu korrekt aufgebauten Sätzen? Wenn Sie den KOSYS-Sprachkurs verwenden, finden Sie in den ersten sieben Lektionen insgesamt 140 Mustersätze und komplette Dialoge. Während Sie die Lektionen bearbeiten, bauen Sie sich gleichzeitig Ihr persönliches „Sprungbrett" in die ersten Gespräche.

Tipp 2 – Konjugationen

Zu Beginn ist es nicht notwendig, alle Konjugationen zu beherrschen. Es reicht in der Regel die erste und zweite Person (ich / du). Wenn Sie von sich selbst erzählen können (Ich esse gerne asiatisch) und Sie Ihren Partner direkt ansprechen können (Was isst Du gerne?), ist das Gespräch bereits möglich.

Tipp 3 – Zukunft ohne Zeitform

Sie können über die Zukunft sprechen, ohne die passende Zeitform zu beherrschen. Nehmen Sie einfach Hilfsverben zur „Hilfe" (müssen, können, wollen). Statt des komplizierten Satzes „Ich werde morgen arbeiten" sagen Sie dann einfach „Ich muss morgen arbeiten". Damit werden Sie verstanden und Sie sparen sich die Konjugation. Nehmen wir ein Beispiel aus dem Spanischen. Hier müssten Sie „arbeiten" konjugieren. Yo trabajaré mañana (trabajar ist die Grundform von arbeiten, trabajaré die Zukunftsform). Wenn Sie das Ganze ohne Zeitform ausdrücken, sparen Sie sich die Zukunftsform. Der Satz würde also lauten: „Tengo que trabajar mañana."

Tipp 4 – die Sprache verstehen

Am Anfang mag es Ihnen schwerfallen, alle Wörter eines Films, einer Serie oder eines Podcasts zu verstehen. Die gute Nachricht: Sie müssen gar nicht alles verstehen, um zu wissen, um was es geht. Achten Sie auf bestimmte Signalwörter im Satz, denn oft genügt es schon, zwei oder drei Wörter in einem Satz zu erkennen. Den Rest können Sie erraten. Ich vergleiche es mit einem Telefonat mit schlechter Verbindung.

Tipp 5 – fehlende Vokabeln

Nehmen Sie einen beliebigen Text (dieser sollte im Idealfall Ihrem aktuellen Niveau entsprechen). Wichtige Vokabeln, deren Bedeutung Sie noch nicht verstehen, schreiben Sie heraus. Und dann ist die Aufgabe, dass sie zwei oder drei Sätze mit jeder Vokabel bauen. Die Technik kennen Sie schon, fangen Sie an Bekanntes mit Neuem zu mischen.

Tipp 6 – Gespräche mit Muttersprachlern

Weisen Sie Muttersprachler im Vorfeld darauf hin, dass Sie Anfänger sind. Bitten Sie um die Wahl einer einfachen Sprache in der Kombination mit langsamer Aussprache.

Allgemeine Fragen zum Sprachtraining

Wie viele Wörter muss ich lernen, um eine Sprache fließend zu sprechen? Gibt es wirklich eine optimale Wortanzahl? Können wir Sprachenlernen im statistischen Sinne effizient gestalten? Zwei wichtige Fragen, aus denen sich zudem gleich noch weitere ergeben:

- Wie viele Wörter hat eigentlich eine Sprache?
- Was genau ist eigentlich ein Wort, wie werden z. B. Mehrfach-Bedeutungen behandelt?
- Gibt es bestimmte Wörter, die einen Großteil der alltäglichen Kommunikation ausmachen?

Sinn und Unsinn der Frage nach der Anzahl der notwendigen Wörter

Natürlich gibt es verschiedene Ziele im Sprachtraining. Der eine möchte dem Taxifahrer sagen, wohin er fahren möchte, der andere will Gedichte schreiben. Zwei unterschiedliche Ansätze. Meine Meinung zu dem Thema: Wenn Sie das ausdrücken können, was Sie sagen möchten, haben Sie die optimale Anzahl an Wörtern gelernt.

Dass es mit wenigen Wörtern geht, verdeutlicht eine spannende Geschichte. Dr. Seuss hat in seinem Kinderbuch Klassiker „I am Sam" bewiesen, dass man ein Kinderbuch mit nur 50 verschiedenen Wörtern schreiben kann. Der Hintergrund: eine Wette zwischen ihm und seinem Verleger. Das Ergebnis können Sie in einem Video im Online Bereich betrachten.

Schauen wir uns die Fakten an. Wie viele Wörter hat die Deutsche Sprache? Die Antwort ist gar nicht so einfach und fällt teilweise sehr unterschiedlich aus (aufgrund doppelter Bedeutungen und ähnlicher Fragen, die ich jetzt nicht vertiefen werde). Der Wortschatz in der Alltagssprache wird mit ca. 500.000 Wörtern angegeben, der zentrale Wortschatz soll etwa 70.000 Wörter umfassen (Quelle: der Duden).

Doch jetzt kommen wir zu den relevanten Zahlen. Nachdem Sie vermutlich Deutsch beherrschen, gehen wir gleich einmal zu Englisch und Spanisch. Laut dem Oxford Dictionary werden aktuell im Englischen etwas mehr als 170.000 Wörter gezählt. Der durchschnittliche Wortschatz eines englischen Muttersprachlers mit Universitätsabschluss dagegen umfasst 17.000 Wörter. Im Spanischen sind es noch weniger Wörter, da die Sprache generell aus weniger Wörtern besteht. Der Sprachwissenschaftler Prof. Arguelles fasst es so zusammen:

- 250 Wörter bilden den inneren Kern einer Sprache. Mit diesem inneren Kern sind wir in der Lage, die wichtigsten Sätze zu bilden, um z. B. Emotionen wie Hunger, Schmerz usw. auszudrücken.
- 750 Wörter werden täglich in der Alltagskommunikation verwendet (die Bildzeitung zum Beispiel verwendet im Schnitt zwischen 800 und 1.000 Wörter pro Ausgabe).
- Mit 2.500 Wörtern können Sie alles ausdrücken, was Sie sagen möchten, wenn auch mit Umschreibungen (ein Muttersprachler wird sich etwas anders ausdrücken als Sie, doch Sie sind voll sprachfähig).
- 5.000 Wörter umfasst das Vokabular eines niedrig gebildeten Muttersprachlers.
- 10.000 Wörter umfasst der aktive Wortschatz eines Muttersprachlers mit höherem Bildungsabschluss.
- 20.000 Wörter werden benötigt, um Bücher von angesehenen Autoren zu lesen und komplett zu verstehen.

Tatsächlich nutzen wir also nur einen Bruchteil des gesamten Wortschatzes einer Sprache. Nehmen wir als Beispiel meine Einsteiger/Wiedereinsteiger-Kurse. Darin sind 3.000 Wörter enthalten, aus welchen ich 20 Lektionen mit etwas mehr als 10.000 Wörtern Umfang geschrieben habe (jedes Wort wird also ca. dreimal wiederholt). Wenn Sie dann noch einen Fortgeschrittenen-Kurs nutzen, erhalten Sie weitere 3.500 Wörter. Nehmen wir an, Sie beherrschen danach die Hälfte des Wortschatzes passiv (was das Ziel des Trainings ist), verfügen Sie über etwas mehr als 3.000 Wörter. Diese können Sie im Kontext einsetzen, Sie sind also vollumfänglich sprachfähig, was dem Level B2 entspricht. Und das nach 5 bis 6 Monaten Training.

Hier eine interessante Studie von Mark Davies, die die Fakten in Bezug auf die spanische Sprache sehr schön aufzeigt.

Anzahl der Wörter	geschriebene Sprache in Prozent			gesprochene Sprache in Prozent		
	Spanisch	Englisch	Deutsch	Spanisch	Englisch	Deutsch
Die **1.000** häufigsten	77,8	78,4	68,4	87,8	84,3	82,6
Die **2.000** häufigsten	85,1	83,3	74,65	92,7	90,3	87,0
Die **3.000** häufigsten	88,9	k.A.	k.A.	94,0	k.A.	k.A.

Sind das nicht schöne Zahlen? Schauen wir uns Spanisch etwas detaillierter an. Wenn Sie die 1.000 häufigsten spanischen Wörter beherrschen, verstehen Sie 87,8 % der mündlichen Kommunikation. Mit 2.000 Wörtern sind es schon 92,7 %.

Das führt uns zurück zu Kapitel 3. Mit 1.000 Wörtern stehen Sie bereits bei 80 bis 85 % Sprachverständnis, mit 3.000 Wörtern kommen Sie in der Regel schon auf annähernd oder sogar über 90 % Verständnis.

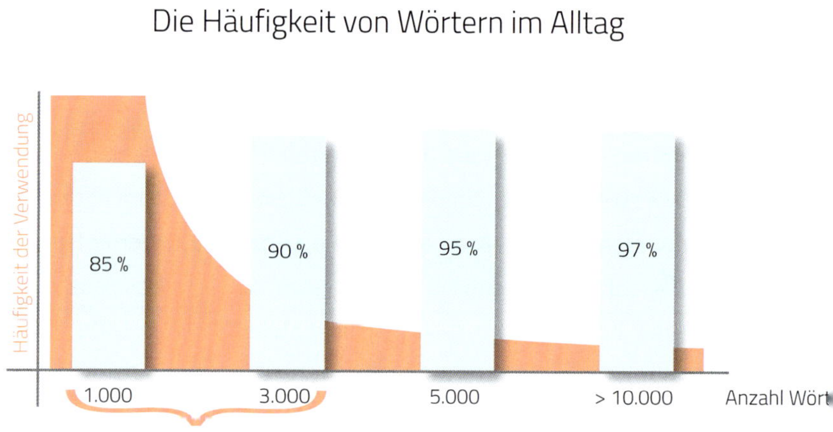

Mit den ersten 1.000 Wörtern sind Sie bereits im Level A2 angekommen. Je mehr Wörter Sie erlernen, desto ausdrucksstärker werden Sie bei der Nutzung der Sprache. Doch für den ersten Einstieg ist es sehr sinnvoll und zeitsparend, den Fokus auf die wichtigsten und am häufigsten vorkommenden Wörter zu legen. Das ist der Grund, warum Sie mit meinen Sprachkursen für Einsteiger und Wiedereinsteiger eine sogenannte Pareto-Liste* geliefert bekommen.

Pareto-Effizienz und abnehmender Grenznutzen

Das Paretoprinzip beschreibt das Phänomen des abnehmenden Grenznutzens. Und genau das sehen wir auch im Sprachtraining. Die ersten 1.000 Wörter stiften noch einen riesigen Nutzen. Das nächste Tausend (1.001- bis 2.000) der häufigsten Wörter bringt Ihnen nur noch einen zusätzlichen Nutzen von ca. 5 %. Die gute Nachricht: Sie benötigen für diese Wörter nicht

* Das Paretoprinzip wurde benannt nach Vilfredo Pareto (1848–1923). Es wird auch als Pareto-Effekt oder 80-zu-20-Regel bezeichnet. Das Prinzip besagt, dass 80 % der Ergebnisse mit 20 % des Gesamtaufwandes erreicht werden. Die verbleibenden 20 % der Ergebnisse benötigen mit 80 % die meiste Arbeit.

mehr so viel Energie wie für die ersten 1.000, denn Sie bauen auf Ihr „Wissensnetz" auf.

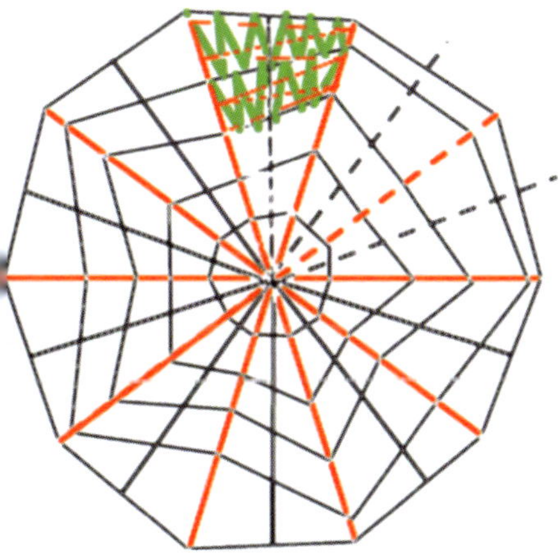

schwarze Linien = Ihr Wissennetz
Je dichter Ihr Wissennetz, desto mehr Informationen bleiben automatisch „hängen"

rote Linien = Ihre Hilfsfäden
Daran können Sie sehr einfach weitere Informationen anknüpfen. Wenn Sie sich zum Beispiel für Kleidung interessieren, werden Sie auch in der neuen Sprache Informationen zum Thema Kleidung einfacher verknüpfen.

grüne Linen = Ihr Spezialgebiet
Sind Sie Spezialist für Kleidung? Dann lernen Sie hier sehr viel schneller als in allen anderen Bereiche, da die Informationen in einem dichten Netz „hängen" bleiben.

Das heißt, je mehr Wörter und Dialoge Sie in Ihr Wissennetz einfügen, desto einfacher wird es, neues Inhalte hinzuzufügen. Es ist tatächlich so, dass die neuen Inhalte immer schneller und leichter verknüpft werden. Um Bei dem Wort Netz zu bleiben – je dichter das Netz, desto schneller bleiben neue Inhalte hängen. Und je stärker Ihr Interesse an den Inhalten ist, desoto schneller verbinden und merken Sie sich die Inhalte. Deshalb möchte ich Ihnen als Zielsetzung für jede neue Sprache das Level B2 vorschlagen. Dieses liegt in der Regel bei etwa 2.000 bis 3.000 Wörtern. Damit erzielen Sie etwa 90 bis 95 % Verständnis in der neuen Sprache. Dabei spielt es keine Rolle, ob es sich um einen geschriebenen Text oder eine mündliche Diskussion handelt. Sobald Sie zwischen 90 bis 95 % des Inhaltes verstehen, können Sie sich die restlichen 5 bis 10 % durch den Kontext selbst erschließen. Das ist wirklich genial. Es heißt schlichtweg für die gesprochene spanische Sprache, dass Sie in etwa die 2.000 häufigsten Wörter kennen müssen. Wenn Sie die Sprache dann anwenden, werden Sie den Rest ganz automatisch erlernen. Einfach durch Sprechen, Lesen und Schreiben, also tatsächlich nur noch durch reine Kommunikation.

Kapitel 11 – Polyglott, wenn zwei Sprachen nicht genug sind

Wenn Sie die erste Sprache schnell, einfach und bequem gelernt haben, ist die Wahrscheinlichkeit hoch, dass Sie Interesse an weiteren Sprachen entwickeln.

In diesem Kapitel finden Sie einige wichtige Hinweise, wenn Sie sich auf den Weg zur Mehrsprachigkeit begeben.

Wenn Sie mit der Basis einer ersten, neuen Sprache vertraut sind, keimt vielleicht – und nach meiner Erfahrung sogar ziemlich sicher – der Wunsch in Ihnen auf, eine weitere Sprache zu erlernen. Auf der Expolingua, der größten deutschen Sprachmesse, wurden die Besucher befragt, für welche Sprachen sie sich interessieren würden. Das Ergebnis ist meines Erachtens sehr repräsentativ. Zumindest bei den ersten Plätzen decken sich die Angaben sehr klar mit den Aussagen unserer Kunden.

Interesse an Fremd-Sprachen in Deutschland

Quelle: www.expolingua.com

Doch wie sieht es denn nun aus, wenn es um das Erlernen von mehr als einer Sprache geht? Im ersten Schritt möchte ich dazu gleich noch einmal auf die erreichbaren Level einer Sprache eingehen. Wenn Sie mit A2+ oder B1 unterwegs sind, ist eine mündliche Verständigung in der Sprache schon gut machbar. Die Hürde ist dann allerdings die „sichere Sprachbeherrschung". Hier muss ganz klar gesagt werden, dass zwei bis drei Monate nicht ausreichen, um in diesen Bereich vorzudringen. Ich habe für das Englisch-Training zum Beispiel ein System entwickelt, bei dem sich unsere Kunden jede Woche mit einem neuen Native Speaker auseinandersetzen. Es handelt sich um Vortragsvideos mit herausragenden Rednern. Die Länge liegt in der Regel zwischen 10 und 20 Minuten, die Themen sind sehr unterschiedlich und durchaus spannend.

Um mit diesem Training zu arbeiten, ist ein fortgeschrittenes Level notwendig. Der Lernende übersetzt die Reden selbst Wort für Wort, er schaut sich das Video fünf- bis zehnmal pro Woche an, er nutzt gleichzeitig das passive Hören über seinen neoos®. Wenn dieses Training für 6 bis 12 Monate konsequent genutzt wird, liegt die aufgenommene Anzahl an Wörtern – wohlgemerkt im Kontext von interessanten Vorträgen – bei mehr als 180.000. Damit gewöhnt sich der Lernende an die unterschiedlichsten Farben der englischen Sprache. Der Engländer, der Amerikaner, der englisch sprechende Japaner, Deutsche, Chinese oder Inder.

All diese Farben der Sprachmelodie sind in dem 6 bis 12 Monate dauernden Training enthalten. Warum arbeiten wir so? Ganz einfach deshalb, weil es Monate braucht, um Fehler auszuräumen, das Fachvokabular im eigenen Berufsbild zu erfassen, die Lese- und Schreibgeschwindigkeit zu erhöhen und die Kultur – die ja zweifelsfrei zur betreffenden Sprache gehört – aus verschiedenen Quellen aufzunehmen.

Ich behaupte an dieser Stelle sogar, dass die Kultur nur dann richtig assimiliert werden kann, wenn wir für eine gewisse Zeit in dem betreffenden Land leben. Denn auch, wenn wir Filme und Videos nutzen, wenn wir Menschen der betreffenden Kultur in unserem Land treffen – es ersetzt keinesfalls den Eindruck, den wir vor Ort in diesem Land erhalten.

Doch ist das auch in verschiedenen Sprachen möglich? Ich kann das aus eigener Erfahrung noch nicht „beweisen". Vor allem deshalb nicht, weil meine Erfahrungen im Lernen und Vermitteln einer neuen Sprache tatsächlich nur auf Konzepten beruhen, die im Land anwendbar sind. Das ist natürlich eine meiner Stärken, auf der anderen Seite selbstverständlich auch eine meiner Schwächen. Eines meiner großen Ziele ist daher: Ich möchte in einem Land meiner Wahl für drei bis sechs Monate leben, um genau diesen Effekt des Sprachenlernens am eigenen Leib zu erfahren. Bis ich das für mich realisieren kann, darf ich Ihnen mit einigen Tipps und Informationen dienen, die nur zum Teil aus meiner persönlichen Erfahrung stammen, zum anderen Teil aus Gesprächen mit meinen Sprachtrainern, von denen einige Hyperpolyglotten (sechs- oder mehrsprachig) sind.

Ich möchte an dieser Stelle auch zuerst erklären, was ein Polyglott überhaupt ist. Er ist nicht zu verwechseln mit einem Linguisten, der Sprachen studiert oder sich auf Sprachen spezialisiert hat. Es ist jemand, der mehrere Sprachen **spricht**.

Ich beschäftige mich zum Beispiel im Moment mit Chinesisch, da wir aktuell ein Sprachtraining dafür aufbauen. Ich spreche die Sprache aber nicht. Der Versuch, Polyglott zu werden, erscheint mir – aus meiner aktuellen Perspektive – der mühsamste Weg zu sein. Und ich habe aus meinen Gesprächen mit anderen Polyglotten eine klare Erkenntnis gezogen. Ohne Leidenschaft für jede einzelne Sprache erscheint es wohl als sehr unwahrscheinlich, dass jemand drei oder mehr Sprachen spricht. Von daher darf ich Sie an dieser Stelle gleich wieder auf Kapitel acht und neun verweisen. Es ist Ihre Entscheidung – und es hat etwas mit mentaler Höchstform zu tun.

Wie kam es bei mir zu der Entscheidung, mehrere Sprachen zu sprechen? Fangen wir noch einmal mit meiner ersten Sprache an – Englisch. Das hatte ich in der Schule, habe es nie wirklich beherrscht und ich wollte einfach Lieder, Filme und Bücher auf Englisch verstehen. Und ich wollte mich auf meinen Reisen auf Englisch unterhalten können.

Zu Spanisch kam ich, weil ich diese Sprache sehr interessant finde und wir planen, in spanischsprachigen Ländern geschäftlich aktiv zu werden.

Mit Französisch habe ich kurz gestartet, konnte aber keine Leidenschaft entwickeln, also habe ich die Sprache – zumindest aktuell – wieder auf Eis gelegt. Ich werde wieder einsteigen, aber im Moment fehlt mir der Antrieb. Und genau das möchte ich Ihnen für das Thema Mehrsprachigkeit mit auf den Weg geben. Es ist identisch mit dem Hinweis zum Erlernen einer einzelnen Fremdsprache: Wenn Sie nicht bereit sind, Arbeit zu investieren, werden Sie auch kein Ergebnis genießen können. So einfach ist das. Punkt.

Aktuell fokussiere ich mich auf Italienisch. Zum einen, weil meine Frau Simone italienisch spricht. Und weil ich Italien als Land wirklich sehr schätze, weil ich eine große Affinität zu Italienern empfinde (vielleicht wegen meiner italienischen Freunde) und weil ich die italienische Esskultur über alles liebe.

Was sicher hilft, ist die sorgfältige Auswahl der Sprache, die Sie gerne erlernen möchten. Ich möchte Ihnen dazu als Anhaltspunkt noch eine gängige Auflistung von Sprachen und deren international definierten Schwierigkeitsgrad vorstellen.

Der Level für Deutsche Sprachlerner

Deutsch	Level 5
Portugiesisch	Level 3 bis 4
Englisch	Level 3
Französisch	Level 5 bis 6
Spanisch	Level 2 bis 3
Italienisch	Level 2 (für deutsche Muttersprachler)
Holländisch	Level 2
Russisch	Level 6 bis 7
Chinesisch	Level 7
Japanisch	Level 4 bis 5
Arabisch	Level 5 bis 7
Hebräisch	Level 7 bis 8
Griechisch	Level 6 bis 7
Schwedisch	Level 3 bis 4

Ich werde in diesem Zusammenhang auch immer wieder gefragt, ob es nicht möglich sei, mehrere Sprachen gleichzeitig zu lernen. Auch hier kann ich nur wieder aus meiner eigenen Erfahrung sprechen. Und ich möchte Sie bitten, dass Sie das, was ich jetzt schreibe, wirklich als die Erfahrung von Josua Kohberg werten. Es hat nichts mit Ihnen zu tun und meine Erfahrung ist nicht automatisch auch Ihr Weg.

Ich habe versucht, drei Sprachen gleichzeitig zu starten. Italienisch, Spanisch und Französisch. Und ich bin kläglich gescheitert. In den drei Monaten, die ich mir selbst dafür eingeräumt habe, konnte ich in keiner der Sprachen einen nennenswerten Fortschritt erzielen. Und ich möchte auch erklären, warum ich gescheitert bin. Ich konnte einfach nicht die Zeit aufbringen, mich jeden Tag zwei bis drei Stunden um die aktiven Trainingseinheiten zu kümmern. Ich hatte mir das zwar vorgenommen und ich habe den Start auch auf August gelegt, um in der ruhigen „Urlaubszeit" meines Unternehmens mehr Zeit für mich und mein Sprachtraining zu finden, und doch ist es mir einfach nicht gelungen.

Es war sogar noch schlimmer. Ich hatte beim Lernen von Spanisch den Eindruck, dass ich gerade Italienisch und Französisch sabotiere. Ich konnte meine Aufmerksamkeit nicht bei der aktuellen Spracheinheit halten, weil ich gedanklich schon wieder beim nächsten Thema war. Die Frustration ist immer weiter gestiegen und im Sinne der Kapitel acht und neun habe ich nach sechs Wochen den Selbstversuch beendet.

Ich glaube, dass es für die meisten von uns – die im „normalen" Alltag aktiv sind, indem sie arbeiten, Familie haben und Hobbys pflegen – nur sehr schwer machbar ist, mehrere Sprachen gleichzeitig zu lernen. Ich empfehle meinen Kunden zwischenzeitlich sogar, sich für ein Jahr, vielleicht sogar für zwei Jahre auf eine Sprache zu konzentrieren.

Wichtig ist der Start. Wenn Sie es schaffen, in den ersten 8 bis 12 Wochen die Basis der Sprache in Ihrem Leben zu etablieren, dann können Sie sich nach etwas Abstand mit dem Fortgeschrittenen-Kurs und weiterführender Literatur, Filmen, Youtube Videos usw. innerhalb von einem Jahr in der neuen Sprache soweit fit machen, dass Sie in den sicheren Sprachgebrauch aufrücken. Nehmen wir an, Brasilien ist ihr erklärtes Lieblingsland, Sie verbringen jedes Jahr zwei oder drei Monate dort. Dann ist es sehr wahrscheinlich, dass Sie Portugiesisch soweit wie möglich perfektionieren möchten. Und wenn Sie gleichzeitig noch in Südamerika unterwegs sind, wird Spanisch ebenfalls eine Rolle für Sie spielen. Und Ihre Zeit- und Energieressourcen sind endlich. Setzen Sie Ihre Ressourcen klug ein und entscheiden Sie sich – am besten so früh wie möglich – für Ihren ganz persönlichen Weg im Bereich der Sprachen.

Und wenn Sie auf einen fünf- oder zehnsprachigen Menschen treffen, fragen Sie sich auch, was genau Sie antreiben könnte, soweit zu gehen. Ich möchte das mit einem anderen Beispiel verknüpfen, welches ich bei meinen Kunden häufig ins Feld führe. Jeder von uns hat eine gewisse Grundveranlagung, sich zu bewegen. Doch der eine läuft Marathon, der andere genießt eher den sonntäglichen Spaziergang. Wir bewegen uns alle, wir alle sprechen eine oder mehrere Sprachen. Seien Sie realistisch, was Ihre Ziele und persönlichen Erwartungen angeht. Und dann legen Sie los.

Kapitel 12 – Ihr Online Bonus

Sie haben ein Buch gekauft und erhalten gleichzeitig einen Zugang zu dem exklusiven Online-Bonus-Bereich. Dieser gehört zum Buch und er erweitert Ihrer Möglichkeiten. Sie können sich jetzt sofort registrieren, gehen Sie hierfür bitte einfach auf meine Website

www.josuakohberg.com/sprachenlernen.

Sie werden beim Login aufgefordert, ein persönliches Passwort zu vergeben. Anschließend erhalten Sie eine E-Mail, in welcher Sie Zugangsdaten bestätigen. Und dann kann es schon losgehen. Das Highlight im Online-Bonus-Bereich ist natürlich unser Schnellstart-Kurs. Sie können mit insgesamt drei Lektionen den Aufbau und die Umsetzung des gehirngerechten Trainings testen. Einfacher geht es nicht mehr und es kostet Sie als Leser meines Buches tatsächlich nichts, denn der Schnellstart-Kurs im Wert von 29 € ist bereits im Buchpreis enthalten.

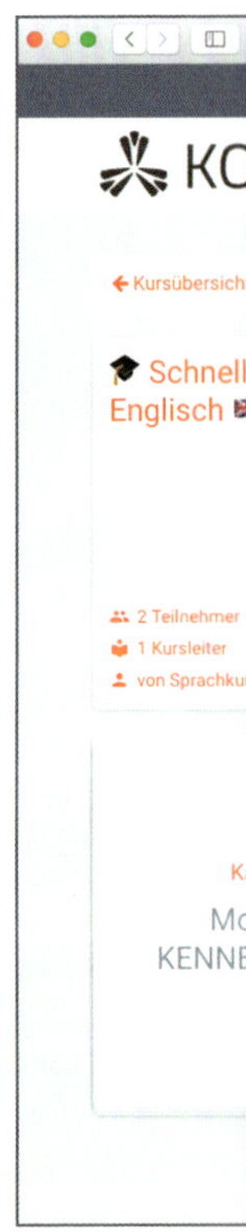

Sie haben die Wahl zwischen Englisch, Spanisch, Italienisch oder Französisch. Nach dem Login besuchen Sie ein Webinar, in welchem Sie den Umgang mit dem Sprachtraining am Beispiel der ersten Lektion erklärt bekommen. Um zu beginnen, wählen Sie einen Webinartermin. Sobald Sie das Start-Webinar besucht haben, werden Ihnen alle weiteren Inhalte automatisch freigeschaltet. Das Webinar dauert etwa 20 Minuten und neben einer kurzen Erklärung werde ich die erste Lektion mit Ihnen persönlich durchgehen. Schritt 1 werde ich erklären, die Schritte 2 und 3 gehen wir in diesen 20 Minuten tatsächlich gemeinsam.

Ich verspreche Ihnen, Sie werden überrascht sein, wie schnell sich das Verständnis für die neue Zielsprache einstellt. Neben dem Schnellstart-Training erhalten Sie Zugang zu einer Vielzahl an Erweiterungen zum Buch. Erweiterungen einzelner Kapitel sind genauso enthalten wie Videomaterial und weiterführende Übungen. So haben wir zum Beispiel in Englisch, Spanisch, Italienisch und Französisch je ein Lied für Sie vorbereitet. Sie haben neben dem YouTube-Video auch sofort eine Datei mit dem zugehörigen Songtext, mit Dekodierungen usw.

Außerdem finden Sie dort eine Checkliste zur konkreten Umsetzung eines Sprachtrainings, Linksammlungen mit Tipps und Tricks und vieles mehr.

Es lohnt sich, die Bonus-Inhalte abzurufen, denn Sie erhalten sofort umsetzbare Werkzeuge. In diesem Sinne wünsche ich Ihnen nun viel Freude beim Training Ihrer neuen Sprache.

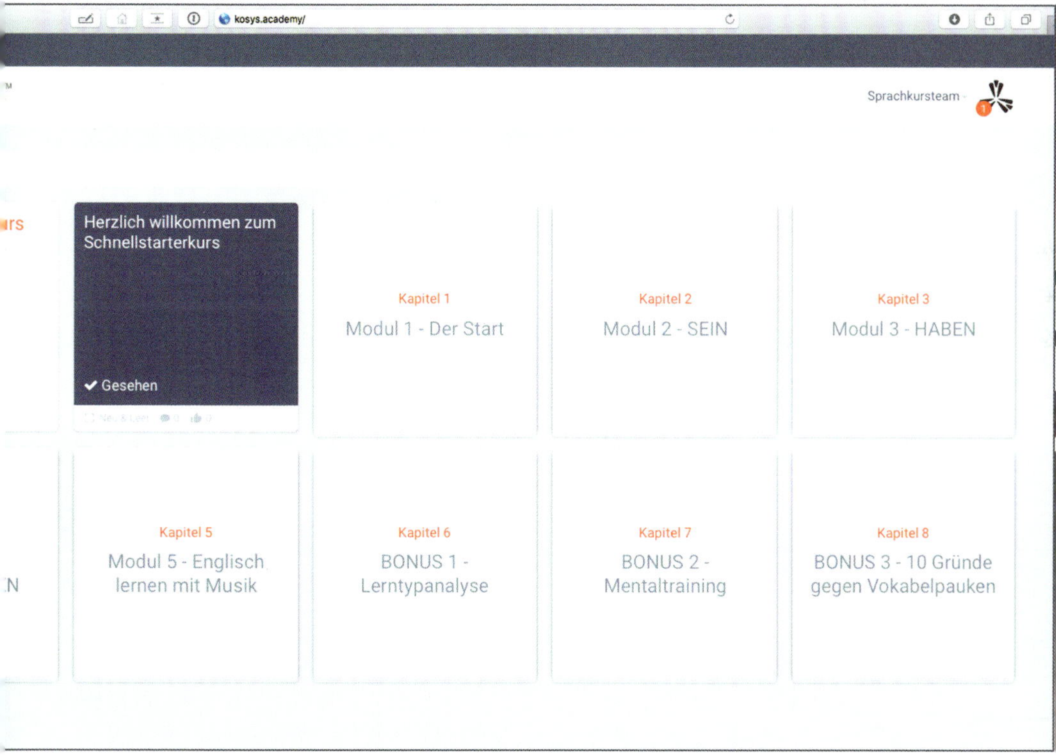

Bonus – Ihr persönliche Grundfrequenz

Die Bestimmung Ihrer persönlichen Grundfrequenz ist ein sehr effektives Werkzeug zur persönlichen Entwicklung und der Optimierung Ihrer mentalen Leistungsfähigkeit. Wenn Sie die Erkenntnisse der Analyse in Ihr Leben integrieren – und das werden Sie – gelingt Ihnen die Balance von Körper, Geist und Emotionen einfacher und vorallem nachhaltiger.

Ihre Stimme ist so individuell wie ein Fingerabdruck. Während eines eineinhalbstündigen Termins analysiert Simone Kohberg mit einer ausgefeilten Technik Ihre Stimme. Sie erfahren Ihre persönliche Grundfrequenz und die Struktur Ihrer Nebentöne (der Ausdruck Ihrer Persönlichkeit). Ein weiteres Erlebnis: Sie sehen Ihre aktuelle Stimmung oder auch Verstimmung schwarz auf weiß vor sich.

Genießen Sie geistige und körperliche Leistungsfähigkeit

Der größte Vorteil der Stimmanalyse – Sie lernen den wichtigsten Menschen in Ihrem Leben sehr viel besser kennen. Sich selbst! Sie werden noch in dem Analyse-Gespräch tiefgreifende Erkenntnisse gewinnen und mit nach Hause nehmen. Sie werden Möglichkeiten und Chancen erkennen und die Erkenntnisse in der Kombination mit Ihrem neoos® und den fünf enthaltenen Mentaltrainings Schritt fur Schritt umsetzen. Denn die Stimmanalyse ist nur der Start einer spannenden Reise. Simone Kohberg begleitet Sie nach Ihrem Analyse Termin drei Monate lang mit regelmässigen E-Mails, so dass Sie die Erkenntnisse der Analyse auch wirklich in Ihren Alltag integrieren und die ermittelte Frequenz im Alltag zur körperlichen Regulation nutzen.

Neben der Persönlichkeitsentwicklung ist die Grundfrequenz die opimale Ergänzung in Ihrem Sprachtraining. Nutzen Sie Ihre Frequenz über den neoos®, steigert sich Ihre mentale und körperliche Leistungsfähigkeit innerhalb von Minuten. Die Wirkung ist wissenschaftlich nachgewiesen (Details auf Seite 109) und in der Regel vom ersten Tag an für Sie nachvollziehbar. Sie interessieren sich für eine Stimmanalyse? So einfach ist der Ablauf:

Buchung

Sie buchen die Stimmanalyse in unserem Glückreich®-Onlineshop unter https://www.glueckreich.de/stimmanalyse/

Terminvereinbarung

Im Anschluss an die Buchung vereinbaren einen Termin mit Simone Kohberg in Coburg.

Anreise

Sie reisen an und sind aufgrund unserer Vorbereitungsmails optimal vorbereitet.

Stimmanalyse

Sie erhalten in einem 1,5-stundigen Termin neben Ihrer Frequenzaufnahme eine ausführliche Stimmanalyse.

Begleitcoaching

Wenn Ihre Grundfrequenz beim ersten Mal festgestellt werden konnte, beginnt im Nachgang ein 12-wöchiges Begleit-Coaching, damit Sie die neue Gewohnheit leicht und spielerisch in Ihren Alltag integrieren.

Folgetermin

Falls beim ersten Termin die Grundfrequenz noch nicht festgestellt werden konnte, wird innerhalb 6 Wochen ein Folgetermin vereinbart.

E-Mail-Coaching

Nach 12 Wochen arbeiten Sie ganz automatisch mit Ihrer Grundfrequenz. Sie haben über das E-Mail-Coaching fünf Mentaltrainings mit Ihrer Grundfrequenz erhalten, nachhaltige Ergebnisse erzielt und die Grundfrequenz täglich mit Ihrem Sprachtraining eingesetzt.

Auszug aus dem Gründer Interview mit Simone und Josua Kohberg

Josua Kohberg, KOSYS wurde im Jahr 1997 gegründet. Sie sind Gründer, Autor und Lernstratege einer Unternehmensgruppe mit mittlerweile mehr als 25.000 Kunden. Was war vor über 20 Jahren ihre Vision, KOSYS ins Leben zu rufen?

Josua Kohberg: Meinen persönlichen Schlüssel-Moment hatte ich sogar noch zwei Jahre eher, als ich die Motivationstrainerin Vera F. Birkenbihl in einem Vortrag gehört habe. Sie sagte, dass jeder Mensch, der seine eigene Muttersprache gut spricht, auch in der Lage ist, jede andere Sprache zu beherrschen. Im Jahre 1997 startete dann der technische Prozess, aus dessen stetiger Weiterentwicklung der heutige neeos® entstanden ist. Die Kernidee lautete: „Wie kann ich hören, ohne meine Ohren zu benutzen?" Zur Entwicklung der Basistechnologie habe ich mehr als 800 Patente ausgewertet. Auf der Basis von drei Bestandspatenten und mehreren, eigenen Entwicklungen habe ich die heutige Grundlagentechnologie aufgebaut: „Der Klang der Delphine und Hören über die Haut".

Was bedeutet der Firmenname konkret und was macht KOSYS genau?

Josua Kohberg: Der Name setzt sich im Ursprung aus den Wörtern Ko(hberg) und Sys(tems) zusammen. Durch mein Interesse an der Neuro-Wissenschaft sage ich heute auch Ko-Systeme, also die Möglichkeit, Kooperierende System wie die bewusste und unbewusste Ebene zu verbinden.

Bekannt ist KOSYS vor allem durch ein speziell und neuartig entwickeltes Sprachtraining. Ziel ist es, eine Sprache genau so schnell und einfach zu erlernen wie die eigene Muttersprache. Wagen wir einen Blick in die Historie: Wie kam es damals zur Entwicklung?

Simone Kohberg: Die Grundlagen unserer Sprachtrainings basieren auf den Erkenntnissen und Erfahrungen von Heinrich Schliemann und Vera F. Birkenbihl. Jeder von uns hat erfolgreich eine Fremdsprache gelernt – die Muttersprache! Mit dem Erlernen einer weiteren Sprache gehen wir genau in derselben Art und Weise vor. Also nicht wie in der Schule mit

Vokabellisten oder Grammatikregeln. Sondern vorrangig durch das Passiv-Hören. Erst dann spricht man einzelne Wörter, hört aktiv den Klang der Sprache, um das Ergebnis dann zu ganzen Sätzen zu verbinden.

Was ist im Lieferumfang der KOSYS Sprachkurse enthalten? Was bekommt der Kunde alles beim Kauf eines Pakets?

Simone Kohberg: Der neoos® ist die Hardware, die wir für unsere Sprache benötigen. Egal, wie viele Sprachen ich letztendlich lernen möchte, nutze ich immer wieder diese eine besondere Technologie.

Josua Kohberg: Im Idealfall hat man den neoos® für den Rest seines Lebens im Einsatz. Im Sprachtraining ist zudem ein Buch mit den verschiedenen Lektionen dabei, Audio CDs und die für neoos® aufbereiteten Inhalte zum dauerhaften Hören der Sprache. Im Lieferumfang ist auch der Zugangscode zu unserer Online-Lernplattform enthalten. Wenn man kein CD-Laufwerk an seinem Computer hat, kann man sich hier die Inhalte auch ganz einfach online herunterladen.

Neu – revolutionär – andersartig: Dies sind nur ein paar Schlagworte, die man mit dem neoos® in Verbindung bringt. Doch wofür steht eigentlich der Name neoos®?

Josua Kohberg: neoos® setzt sich aus dem lateinischen Wort „neo" für „neu" und „os" für „operating system" zusammen. Die Idee hinter dem Namen ist, auf eine neue und revolutionäre Art Informationen in die Verknüpfung zu bekommen. Quasi ein neues Lernsystem! Von daher kann man den neoos® nicht nur zum Sprachen lernen einsetzen, sondern auch zum Mentaltraining, zur Entspannung oder für gesundheitliche Aspekte.

Der neoos® ist ein Ultraschall-Generator. Sie selbst bezeichnen ihn als „Zell-Flüsterer" oder auch als „Delphin an ihrem Gürtel". Wie genau funktioniert der neoos®?

Josua Kohberg: Die Technik dahinter ist eine so genannte Modulationstechnik. Wir nutzen eine Ultraschall-Trägerfrequenz, die über Vibration mit der Haut in Kontakt gebracht werden kann. Man kann den Ultraschall quasi über den Schalldruck auf der Haut „hören". Heute arbeiten mehrere Ingenieure für KOSYS an der Hard- und auch Software. Die Kernidee basiert auf einem Patent aus den 60er Jahren aus einem Delphin-Forschungsprojekt der US Army.

Das hört sich schon sehr besonders und futuristisch an. Ist das Ganze wissenschaftlich nachweisbar?

Josua Kohberg: Ja natürlich. Wissenschaftliche Publikationen zu diesem Thema gibt es zum Beispiel von Professor Dr. Martin Lenhardt (University Richmond), wir selbst haben unzählige Anwendungsbeobachtungen angefertigt, wir arbeiten mit vier Universitäten und Fachhochschulen zusammen und wir haben natürlich auch eine Studie hier in Deutschland initiert. Was wir detailliert aufzeigen können: innerhalb von acht bis zwölf Minuten kommt jeder Nutzer in eine erhöhte Alpha und Theta Aktivität. Das heißt, der neoos®-Benutzer ist entspannt, relaxed, fühlt sich einfach gut und genießt von der Hirnphysiologie her optimale Voraussetzungen für die Aufnahme von Lerninhalten.

Simone Kohberg: Je größer die Disbalance im Körper, desto größer ist der Effekt, den man spürt. Hyperaktive Kinder oder auch Menschen mit Schlafproblemen reagieren schneller auf die Synchronisation der Gehirnhälften. Menschen mit guter Körperwahrnehmung – z. B. Hochleistungssportler – reagieren ebenfalls sehr schnell auf diesen Effekt. Der klassische Anwender benötigt Stunden, teilweise Tage für einen spürbaren Effekt. Das stellen wir immer wieder im Rahmen unserer Studien und Messungen fest. Nach 30 Minuten hat sich zum Beispiel die Gehirnaktivität signifikant verändert, der Proband „fühlt" noch nichts. Doch nach wenigen Tagen spüren die meisten unserer Kunden deutliche Verbesserungen in Konzentration, Wachheit, Klarheit, Leistungsfähigkeit usw.

Gibt es unterschiedliche Modelle und welches Modell macht wann und für wen Sinn?

Simone Kohberg: Wir bieten zwei Modelle an. Das Einsteiger-Modell ist der neoos® mini. Der neoos® mini hat einen integrierten MP3-Player. Man kann laut und leiser stellen und zwischen den beiden Frequenzen wählen. Die Wiedergaber der Inhalte erfolgt dann im Dauer-Repeat-Modus. Es gibt keine Stopp-Taste, keine Vor- oder Nachspieltaste.

Innerhalb des ersten halben Jahres bieten wir unseren Kunden immer eine Upgrade-Garantie an. Denn mit dem neoos®2 habe ich viel mehr Möglichkeiten. Ich verfüge über zwei MP3-Player. Ich kann eine Sprache lernen und mache gleichzeitig ein Mental-Training oder die Grundfrequenze nutzen, um meine körperliche Leistungsfähigkeit noch weiter zu optimieren.

Das Haupteinsatzgebiet des neoos® ist das Sprachtraining. Dabei ist das kleine revolutionäre Gerät ein wahrer Allrounder. Wofür kann man den neoos® noch nutzen?

Josua Kohberg: Oscar Wilde sagte einmal: „Der Kopf ist rund, damit das Denken die Richtung wechseln kann." Dieses Zitat beschreibt auch den neoos® am besten. Jeden Inhalt, den ich lernen möchte, kann ich über neoos® aufnehmen. Neben dem Sprachtraining lautet eines der spannendsten Themen: „Wie kann ich Verhalten lernen?". Und „Verhaltensmuster lernen" könnte man einfach übersetzen mit Mentaltraining. Eine Verhaltensveränderung geht mit neoos® zwar schneller, ist aber nicht unbedingt gemütlicher.

Simone Kohberg: Vor allem im Hochleistungssport spielt die mentale Verfassung und Stärke eine wichtige Rolle.

Josua Kohberg: Und dann setzen wir den neoos® noch im therapeutischen Bereich ein. Wir arbeiten mit einem großen Netzwerk von Ärzten, Heilpraktikern, aber auch Uni-Professoren zusammen, die den neoos® nutzen, um gesundheitliche Prozesse zu fördern.

Kann ich den neoos® auch beim Sport einsetzen?

Josua Kohberg: Na klar, das ist überhaupt kein Problem. Die Schwingungsgeber sind nicht wasserdicht, aber resistent gegenüber Feuchtigkeit wie z. B. Schweiß. Also bei klassischem Sporttraining perfekt. Wir empfehlen sogar, den neoos® beim Sport zu tragen, denn der Ruhepuls senkt sich in der Regel um 8 bis 10 Prozent. Das heißt, wenn ich diesen Effekt ausnutze, bin ich beim Sport leistungsfähiger, obwohl ich dafür nicht anders oder mehr trainieren muss.

Simone Kohberg: Und ein weiterer positiver Effekt. man regeneriert viel schneller!

Josua Kohberg: Viele unserer Kunden sind Hochleistungssportler, die den neoos® nicht nur zum Training nutzen, sondern mit dem Einsatz der Grundfrequenz vor allem auch zur körperlichen Regeneration. Das spielt vor allem im Ausdauersport eine wichtige Rolle.

In unserer heutigen Gesellschaft spielt Zeit, vor allem die eigene Lebenszeit, eine wichtige Rolle. Wie schafft es der neoos®, „dein Leben für immer zu verändern?"

Josua Kohberg: Indem man seine Lebenszeit effektiver nutzen kann. Besonders im Bereich Mentaltraining sehe ich großes Potenzial. Grundvoraussetzung ist jedoch, sich verändern zu wollen. Man kann faktisch alles, was man erreichen möchte, mit dem neoos® auf die unbewusste Ebene setzen. Und die unbewusste Ebene ist wie ein Computer. Diese Ebene führt einfach nur aus, was man ihr vorgibt. Der neoos® programmiert neu.

Simone Kohberg: Und nichts ist im Leben so sicher wie die Veränderung. Wir wollen sie vielleicht nicht, kommen aber auch nicht drum herum. Und deswegen kann der neoos® dein Leben für immer verändern. Er schafft Klarheit für dich und für dein Leben. Plötzlich hat man das Ruder selbst in der Hand. Die Technologie und das Mentaltraining sind maßgebend dafür.

Das komplette Interview finden Sie auf www.kosys.de